우리고전 100선 07

새벽에 홀로 깨어―최치원 선집

우리고전 100선 07

새벽에 홀로 깨어 ― 최치원 선집

2008년 1월 21일　　초판　1쇄 발행
2023년 2월 20일　　초판 35쇄 발행

편역	김수영
기획	박희병
펴낸이	한철희
펴낸곳	주식회사 돌베개
책임편집	이경아 이혜승
편집	김희동 윤미향 김희진 서민경 이상술
디자인	박정은 박정영 이은정
디자인기획	민진기디자인
표지그림	전갑배 (일러스트레이터, 서울시립대학교 시각디자인대학원 교수)

등록	1979년 8월 25일 제406-2003-000018호
주소	(10881) 경기도 파주시 회동길 77-20 (문발동)
전화	(031) 955-5020
팩스	(031) 955-5050
홈페이지	www.dolbegae.co.kr
전자우편	book@dolbegae.co.kr

ⓒ김수영, 2008

ISBN 978-89-7199-297-5 04810
ISBN 978-89-7199-250-0 (세트)

이 책에 실린 글의 무단 전재와 복제를 금합니다.
책값은 뒤표지에 있습니다.
이 도서의 국립중앙도서관 출판시도서목록(CIP)은
e-CIP 홈페이지(http://www.nl.go.kr/cip.php)에서
이용하실 수 있습니다. (CIP제어번호:CIP2008000078)

우리고전 100선 07

새벽에 홀로 깨어
―
최치원 선집

김수영 편역

간행사

지금 세계화의 파도가 높다. 현재 진행되고 있는 세계화는 비단 '자본'의 문제이기만 한 것이 아니라, '문화'와 '정신'의 문제이기도 하다. 그 점에서, 세계화에 어떻게 대응할 것인가 하는 것은 우리의 생존이 걸린 사활적(死活的) 문제인 것이다. 이 총서는 이런 위기의식에서 기획되었으니, 세계화에 대한 문화적 방면에서의 주체적 대응이랄 수 있다.

생태학적으로 생물다양성의 옹호가 정당한 것처럼, 문화다양성의 옹호 역시 정당한 것이며 존중되지 않으면 안 된다. 그럼에도 세계화의 추세 속에서 문화다양성은 점점 벼랑 끝으로 내몰리고 있는 것처럼 보인다. 하지만 문화적 다양성 없이 우리가 온전하고 행복한 삶을 살 수 있겠는가. 동아시아인, 그리고 한국인으로서의 문화적 정체성은 인권(人權), 즉 인간권리의 문제이기도 하기 때문이다. 그래서 우리 고전에 대한 새로운 조명과 관심의 확대가 절실히 요망된다.

우리 고전이란 무엇을 말함인가. 그것은 비단 문학만이 아니라, 역사와 철학, 예술과 사상을 두루 망라한다. 그러므로 일반적으로 알려져 있는 것보다 훨씬 광대하고, 포괄적이며, 문제적이다.

하지만, 고전이란 건 따분하고 재미없지 않은가? 이런 생각의 상당 부분은 편견일 수 있다. 그리고 이런 편견의 형성에는 고전을 연구하는 사람들에게 큰 책임이 있다. 시대적 요구에 귀 기울이지 않은 채 딱딱하고 난삽한 고전 텍스트를 재생산해 왔으니까. 이런 점을 자성하면서 이 총서는 다음의 두 가지 점에 특히 유의하고자 한다. 하나는, 권위주의적이고 고지식한 고전의 이미지를 탈피하는 것. 둘은, 시대적 요구를 고려한다는 그럴듯한 명분을 내세워 상업주의에 영합한 값싼 엉터리 고전책을 만들지 않도록 하는 것. 요컨대, 세계 시민의 일원인 21세기 한국인이 부담감 없이 '쉽게' 접근할 수 있는, 그러면서도 품격과 아름다움과 깊이를 갖춘 우리 고전을 만드는 게 이 총서가 추구하는 기본 방향이다. 이를 위해 이 총서는, 내용적으로든 형식적으로든, 기존의 어떤 책들과도 구별되는 여러 가지 모색을 시도하고 있다. 그리하여 고등학생 이상이면 읽고 이해할 수 있도록 번역에 각별히 신경을 쓰고, 작품에 간단한 해설을 붙이기도 하는 등, 독자의 이해를 돕고자 하였다.

특히 이 총서는 좋은 선집(選集)을 만드는 데 큰 힘을 쏟고자 한다. 고전의 현대화는 결국 빼어난 선집을 엮는 일이 관건이자 종착점이기 때문이다. 이 총서는 지난 20세기에 마련된 한국 고전의 레퍼토리를 답습하지 않고, 21세기적 전망에서 한국의 고전을 새롭게 재구축하는 작업을 시도할 것이다. 실로 많은 난관이 예상된다. 하지만 최선을 다해 앞으로 나아가고자 한다. 그리하여 비록 좀 느리더라도 최소한의 품격과 질적 수준을 '끝까지' 유지하고자 한다. 편달과 성원을 기대한다.

박희병

책머리에

 현대인은 고대인(古代人)보다 훌륭할까? 이미 3백여 년 전에 프랑스 철학계를 달군 바 있는 질문이다. 당시에 이 질문을 처음 던짐으로써 뜨거운 논쟁을 시작한 철학자는, 본래 현대인과 현대 문학의 우수성을 주장하고자 하는 입장에 서 있었다고 한다. 다른 문명권에서, 게다가 특수한 문화적 맥락 속에서 제기되었던 그 오래된 질문을 지금 새삼 떠올리는 이유는, 이 책에서 소개하는 고운 최치원(孤雲 崔致遠, 857~?)이라는 문학가 때문이다. 그는 한국문학사의 맨 앞자리에 서 있는 신라 시대 문학가이지만, 그후로 천 년이 지난 오늘날까지도 그만큼 높은 봉우리는 정말 손으로 꼽을 정도이다. 그래서 최치원과 그의 작품 세계를 대면할 때면 절로 이런 물음을 갖게 된다. 과연 현대인은 고대인보다 훌륭할까?
 최치원은 시와 문에 모두 능했을 뿐 아니라 유·불·선에 두루 통달한 신라 말기의 독보적 지성이요, 시대와 타협하기를 거부하고 선비로서의 양심을 끝까지 견지하다 홀로 빛을 발하며 스러져 간 외로운 존재였다. 또한 그는 당시 세계 제국이었던 중국 당나라에서도 통용되는 보편성의 높이에 도달한 빼어난 문학가이면서도, 신라인으로서의 긍지와 자부심을 잃지 않은 작가였다.
 한국문학사의 맨 앞자리에 이처럼 위대한 작가를 내세울 수 있다는 건 우리 모두에게 뿌듯한 일임에 틀림없지만, 그런 위대한 작가의 작품과 직접 만나는 일은 왠지 부담감을 주기도 한다. 너무 심오하거나 어렵지 않을까 하는 생각 때문일 것이다. 그래서 역자는 가능한 한 쉬운 말로 최치원의 다채로운 작품 세계를 골고루 선보이고자 하였다. 그러니 독자들은 어떤 부담감도 느끼지 말고, 그저 마음 가는 대로 손 가는 대로 이 책에 뽑아 놓은 여러 빛깔의 작품들을 천천히 맛보았으면 한다.

  웅대한 기상을 품은 이에게, 학문과 사상의 '통섭'을 꿈꾸는 이에게 최치원이 보여 주는 길은 충분한 지적 자극이 될 것이다. 또 깨어 있는 정신으로 역사를 고민하는 이에게, 이 시대와 '나'의 길을 함께 모색하는 이에게 최치원의 삶은 깊은 인상을 줄 것이다. 한편, 지금 외국에 나가 혼자 공부하는 이나 벗과의 이별로 슬퍼하는 이라면 최치원의 서정시를 읽으며 누구보다 공감할 듯하다. 또 신기한 이야기를 좋아하는 이나 남다른 상상력을 지닌 이라면 최치원이 선사하는 이야기를 듣고 눈을 반짝일 듯하다.

  역자는, 이렇게 천 년의 시간을 넘어 이루어질 각양각색의 놀라운 만남들을 즐거운 마음으로 그려 본다.

2008년 1월

김수영

차례

004 간행사
006 책머리에

197 해설
220 최치원 연보
222 작품 원제
226 찾아보기

詩

새벽에 홀로 깨어

- 019　새벽 풍경
- 020　봄날, 어느 새벽
- 021　새벽
- 026　봄바람
- 027　접시꽃
- 028　진달래
- 029　산꼭대기 우뚝한 바위
- 030　들불
- 031　석류
- 032　단풍나무
- 033　해문사 버드나무
- 034　파도
- 035　바위 위를 흐르는 샘
- 036　바위 위 작은 소나무
- 037　곧은 길 가려거든
- 038　옛 뜻
- 039　윤주 자화사에 오르며
- 040　요주 파양정에서
- 041　피리 소리를 듣고
- 042　옛일을 떠올리다
- 043　강남의 여인
- 044　진주 캐는 사람에게
- 045　다섯 가지 옛 놀이

비 오는 가을밤

- 051 비 오는 가을밤
- 052 밤비 내리는 객사에서
- 053 길 위에서
- 054 바닷가에서 봄 경치를 바라보며
- 055 바닷가 거닐며
- 056 모래사장
- 057 봄 경치를 보고
- 058 낙동강 정자에서
- 059 고마운 친구에게
- 060 장안의 여관에 머물며 어떤 이웃에게
- 061 섣달 그믐밤, 친구에게
- 062 봄놀이 약속을 저버린 친구에게
- 063 봄날 정자에서 노닐며
- 064 늦봄
- 065 산양에서 고향 친구와 헤어지며
- 066 여도사와 헤어지며
- 067 슬퍼도 슬퍼 마오
- 068 언제 다시 만날는지
- 069 헤어지는 오 수재에게
- 071 강남으로 돌아가는 오 진사에게
- 072 우강 역 정자에 적다

은거를 꿈꾸며

- 075 운봉사에 올라
- 076 갈매기
- 077 겨울날 산사에서 노닐며
- 078 바위 봉우리
- 079 바다에 배 띄우니
- 080 천 갈래 길
- 081 노승
- 082 혼자 사는 중에게
- 083 청 상인에게
- 084 산에 사는 중에게
- 085 가야산 독서당에 적다
- 086 가슴속 생각을 적다

밭 갈고 김매는 마음으로

- 091 『계원필경집』 서문
- 094 역적 황소(黃巢)에게 보낸 격문
- 100 허경에게 보낸 편지
- 102 보내 주신 새 차에 감사드리는 글
- 104 한식날 전사한 장병을 애도하며
- 105 난랑비(鸞郎碑) 서문
- 106 가야산 해인사 선안주원(善安住院)의 벽에 쓴 기
- 108 신라의 윗자리에 있게 해 달라는 발해의 청을 황제께서 허락하지 않으신 데 감사하는 글
- 112 예부상서(禮部尙書)께 드리는 편지
- 114 태사시중(太師侍中)께 올리는 글

신라의 위대한 고승

- 119 진감 선사 이야기
- 135 낭혜 화상 이야기
- 154 지증 대사 이야기

참 이상한 이야기

- 173   신기한 석남 꽃가지
- 175   알에서 나온 아이
- 177   영오와 세오
- 178   변신하는 노인
- 179   대나무 속의 두 미녀
- 180   지혜로운 선덕 여왕
- 181   사랑 때문에 타 버린 남자
- 182   호랑이 여인
- 187   원광 법사
- 192   살아 돌아온 보개의 아들

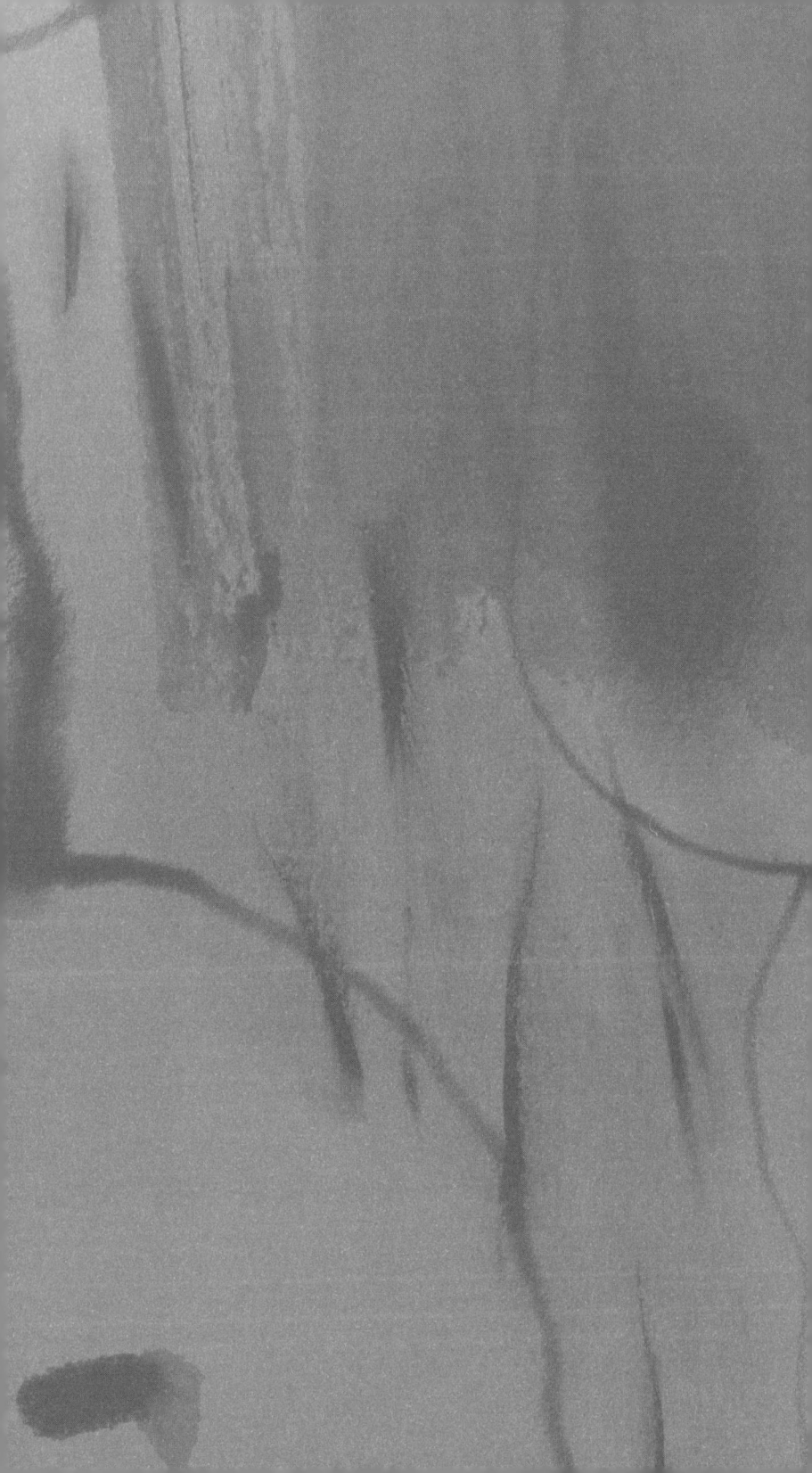

최치원 선집 — 새벽에 홀로 깨어

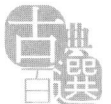

새벽에 홀로 깨어

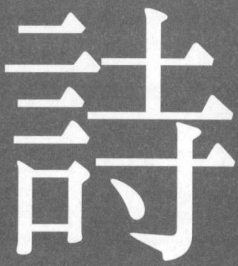

새벽 풍경

바람도 산마루 보드라운 구름 차마 못 흩고
햇볕도 언덕머리 푹 쌓인 눈 녹이지 못하네.
홀로 풍경 읊으니 이 마음 아득한데
바닷가 갈매기와 쓸쓸히 벗하네.

―

山面嬾雲風惱散, 岸頭頑雪日欺銷. 獨吟光景情何限, 猶賴沙鷗伴寂寥.

봄날, 새벽녘의 풍경을 노래하던 시인의 마음이 문득 아득해진 까닭은 무얼까. 최치원이 당나라에 유학 가서 생활하던 시기(868~884)에 쓴 시이다.

봄날, 어느 새벽

동으로 흘러가는 물 못 돌이키나
시상(詩想)을 재촉하니 이리 괴롭네.
정 담뿍한 아침 비는 가늘디가늘고
아리땁고 고운 꽃은 필 듯 말 듯하네.
어지러운 세상이라 좋은 경치에 주인이 없고
뜬 인생이라 명리(名利)를 점점 멀리하네.
한스러워라 옛날 유령(劉伶)의 아내가
남편더러 술잔 멀리하라 한 일.

叵耐東流水不回, 只催詩景惱人來. 含情朝雨細復細, 弄艶好花開未開. 亂世風光無主者, 浮生名利轉悠哉. 思量可恨劉伶婦, 强勸夫郎疏酒盃.

'유령'(劉伶)은 죽림칠현(竹林七賢)의 한 사람으로, 술 마시기를 몹시 좋아하였다. 언젠가 그의 아내가 울면서 제발 술을 끊으라고 하자 도리어 귀신에게 빌면서, "부디 제가 한꺼번에 한 섬의 술을 마시고, 닷 말의 술로 해장하게 하소서"라고 말했다고 한다. 시인은 유령의 이 일화를 끌어 와 술에 취하고자 하는 자신의 마음을 표현하였다.

새벽

물시계의 물방울 아직 떨어지건만
은하수는 벌써 기울었네.
어렴풋이 산천은 점점 변해 가고
갖가지 물상(物象)이 열리려 하네.
높고 낮은 희미한 경치가 눈에 보이며
구름 사이 궁전을 알아보겠네.
이곳저곳 수레들 일제히 움직이니
길 위에 먼지가 이네.
저 하늘 끝에 먼동이 트고
푸르스름한 빛이 감도네.
새벽별은 먼 숲 나무끝에 반짝이고
묵은 안개는 넓은 교외의 빛깔 감추네.
화정(華亭)1의 바람 속에
끼룩끼룩 우는 학 울음소리 들리는 듯하며
파협(巴峽)2 달 밝은 밤에
멀리서 들려오던 원숭이 울음소리 이미 그쳤네.
주막집 푸른 깃발 어슴푸레 보이고

---

1. 화정(華亭): 지금의 중국 강소성(江蘇省) 송강현(松江縣)의 지명. 동진(東晉)의 육기(陸機)가 여기에 세거(世居)했는데, 나중에 촉(蜀: 지금의 사천성四川省)에서 모함을 당해 죽게 되자 탄식하면서 "화정의 학 울음소리를 이제 어찌 다시 들을 수 있겠는가"라고 했다는 고사가 유명하다.
2. 파협(巴峽): 중국 사천성의 삼협(三峽)을 말한다. 강 위의 아슬아슬한 낭떠러지이며, 원숭이의 애잔한 울음소리로 유명했다.

닭 울음소리 아스라한 마을의 초가에서 들리네.

희미하게 보이는 단청 기와집에

새 둥지 텅 비었고 제비는 들보에서 지저귀네.

군영(軍營) 안에서 조두(刁斗)3 소리 그치자

계전(桂殿)4 곁에서 벼슬아치들 옷매무새 고치네.

변방의 성에서 기르는 말 자주 울어 대고

너른 모래밭 아득하기만 하네.

멀리 보이는 강에 외로운 돛단배 다 사라지고

오래된 강 언덕엔 잡초가 무성하네.

어부의 피리 소리 청아하고

쑥 덤불은 이슬에 담뿍 젖었네.

온 산에 푸른 기운 높고 낮게 깔려 있고

사방 들에 안개가 깊고 옅게 펼쳐 있네.

뉘 집의 푸른 난간이런가

꾀꼬리 지저귀건만 비단 장막 아직도 드리워 있네.

화려한 몇몇 집은

사람들 깨어났으련만 발[簾]이 아직 안 걷혔네.

밤이 세상을 에워쌌다가

천지가 밝아 오네.

천 리 밖까지 푸르고 아득하며

---

3 조두(刁斗): 옛날 군부대에서 밤에 경계를 설 때 두드리던 물건.
4 계전(桂殿): 대궐의 황후가 거처하는 곳.

온 사방이 희미하네.

요수(遼水)5-에 붉은 노을 그림자 뜨고

이따금 들리는 종소리 자금성(紫禁城)6-의 소리를 전하는 듯.

임 그리는 아낙이 자는 깊은 방의

비단 창도 점점 밝아지네.

시름에 겨운 이가 누운 옛집의

어둔 창도 밝아 오네.

잠깐 사이 새벽빛이 조금 뚜렷해지더니

새벽 햇살이 빛을 발하려 하네.

줄지은 기러기 떼 남쪽으로 날아가고,

한 조각 달은 서편으로 기우네.

장사차 홀로 나선 사람 일어났으나

여관 문은 아직도 닫혀 있네.

외로운 성에 주둔하는 백전(百戰)의 용사들에게

호가(胡笳)7- 소리는 아직 그치지 않네.

다듬이 소리 쓸쓸하고

수풀 그림자 성그네.

사방의 귀뚜라미 소리 끊어지고

먼 언덕에는 서리가 하얗게 내렸네.

단청 화려한 집에는

5_ 요수(遼水): 노수(潞水)라고도 한다. 지금의 중국 섬서성(陝西省) 서안(西安) 부근의 강.
6_ 자금성(紫禁城): 천자가 거주하는 궁궐.
7_ 호가(胡笳): 오랑캐의 군사가 부는 악기.

푸른 눈썹 그린 미인이 있고
잔치 끝난 누각에는
붉은 촛불만 속절없이 깜박이네.
상쾌한 새벽이 되니
내 영혼 푸른 하늘처럼 맑아라.
온 세상에 밝은 해 비치자
어둠이 바위 골짜기로 사라지네.
천 개의 문과 만 개의 창이 비로소 열리고
넓은 천지가 활짝 펼쳐지누나.

玉漏猶滴, 銀河已回, 彷彿而山川漸變, 參差而物像將開. 高低之煙景微分, 認雲間之宮殿. 遠近之軒車齊動, 生陌上之塵埃. 晃蕩天隅, 葱籠日域. 殘星映遠林之梢, 宿霧斂長郊之色. 華亭風裏, 依依而鶴唳猶聞. 巴峽月中, 迢迢而猿啼已息. 隱映靑帘, 村逈而鷄鳴茅屋. 熹微朱閣, 巢空而燕語雕樑. 罷刁斗於柳營之內, 儼簪笏於桂殿之傍. 邊城之牧馬頻嘶, 平沙漠漠. 遠江之孤帆盡去, 古岸蒼蒼. 漁篷聲澌, 蓬艸露瀼. 千山之翠嵐高下, 四野之風煙深淺. 誰家碧檻, 鸎啼而羅幕猶垂. 幾處華堂, 夢覺而珠簾未捲. 是夜寰瀛, 晴天地晴. 蒼茫千里, 曈曨八紘. 淙水泛紅霞之影, 疏鍾傳紫禁之聲. 置思婦於深閨, 紗窓漸白. 臥愁人於古屋, 暗牖纔明. 俄而曙色微分, 晨光欲發. 數行南飛之雁, 一片西傾之月.

動商路獨行之子, 旅館猶扃. 駐孤城百戰之師, 胡笳未歇. 砧杵聲寒, 林巒影疏. 斷蛩音於四壁, 肅霜華於遠墟. 粧成金屋之中, 靑蛾正畫. 宴罷瓊樓之上, 紅燭空餘. 及其氣爽淸晨, 魂澄碧落. 薦高影於夷夏, 蕩回陰於巖壑. 千門萬戶兮始開, 洞乾坤之寥廓.

무려 천 년 전에 씌어진 이 작품이 시공간을 넘어 오늘날의 독자에게도 울림을 주는 이유는, 무엇보다 '새벽'이라는 보편적 제재에 대한 서정적 화자의 남다른 시선에 있다. 동 틀 무렵의 짧은 시간 속에서 변해 가는 천태만상(千態萬象)의 만물에 대해 일정한 거리를 두되 일관되게 견지되는 사려 깊은 시선, 다시 말해 단순한 객관적 관찰자의 수준을 넘어 새벽이라는 시간의 본질을 포착하려는 서정적 화자의 예리하고도 심원한 시선이야말로 이 작품이 주는 감동의 원천이다.

봄바람

너는 바다 밖에서 새로 불어와
새벽 창가 시 읊는 나를 뒤숭숭하게 하지.
고마워라, 시절 되면 돌아와 서재 휘장 스치며
내 고향 꽃피는 소식을 전하려는 듯하니.

知爾新從海外來, 曉窓吟坐思難裁. 堪憐時復撼書幌, 似報故園花欲開.

원제는 「동풍」(東風)이다. '동'(東)은 사계절 중 '봄'을 의미한다. 그런데 시인의 고국인 신라가 당나라의 동쪽에 위치하였기에, 이 시에서의 동풍은 '봄바람'이라는 의미 외에 '내 고향에서 불어온 바람'이라는 의미 또한 지니고 있다.

접시꽃

적막한 황무지 한 모퉁이에
다복하게 꽃피어 가지 휘었네.
매화비 맞아 향기 그치고
보리바람결에 그림자 비스듬하네.
수레 탄 이 뉘라서 보아 줄까?
벌과 나비 떼만 날아든다네.
천한 땅에 태어난 것 스스로 부끄러우니
사람들에게 버림받은 것 슬퍼할 만하군.

寂寞荒田側, 繁花壓柔枝. 香經梅雨歇, 影帶麥風欹. 車馬誰見賞, 蜂蝶徒相窺.
自慚生地賤, 堪恨人棄遺.

최치원의 시 중에는 자신의 외따로운 처지를 꽃이나 바위 같은 사물에 기탁한 작품이 많다. 접시꽃에 자신을 빗댄 이 시에서는, 특히 마지막 두 행에 '신라'라는 소국 출신 이방인으로서의 시인의 자기 인식이 직접적으로 표출되어 있다. 제3행의 '매화비'는 매실이 익을 무렵인 6월경에 내리는 비를 말한다.

진달래

돌 틈에 뿌리 내려 잎 쉬 마르고
바람과 서리에 자칫 꺾이고 상하네.
가을 자태 자랑하는 들국화야 바라리오만
추운 날 끄떡 않는 소나무를 부러워하네.
가여워라 고운 빛깔로 바닷가에 서 있건만
어느 누가 좋은 집 난간 아래 옮겨심을까.
뭇 초목과 다른 품격 지녔건만
지나가는 나무꾼이나 한 번 봐 줄는지.

石罅根危葉易乾, 風霜偏覺見摧殘. 已饒野菊誇秋艷, 應羨巖松保歲寒. 可惜
含芳臨碧海, 誰能移植到朱欄. 與凡草木還殊品, 只恐樵夫一例看.

진달래에 시인의 처지를 기탁한 시이다. 우리 민족에게 진달래는 일찍부터 무언가 애처로운 감정을 불러일으키는 각별한 꽃이었나 보다. 이 시에서 보듯 시인은 소외된 존재, 내면적 가치를 지니고 있음에도 불구하고 사람들로부터 버림받거나 정당하게 인정받지 못하는 존재에게 따뜻하고 자상한 눈길을 보내고 있다. 이 눈길은 자기 자신을 향하는 눈길일지도 모른다.

산꼭대기 우뚝한 바위

만고의 자연이 만든 모습 사람이 갈고닦은 것보다 나아
높디높은 꼭대기에 푸른 소라처럼 서 있네.
계곡 물살 따위야 영영 범접할 수 없고
한가로운 구름만이 자주 스쳐 가네.
높은 그림자 바다에 돋는 해 늘 먼저 맞고
위태로운 모습은 꼭 밀물에 떨어질 듯하네.
아무리 옥을 많이 품은들 누가 돌아볼까
세상 모두 제 몸만 돌볼 뿐 변화(卞和)를 비웃었지.

萬古天成勝琢磨, 高高頂上立青螺. 永無飛溜侵凌得, 唯有閒雲撥觸多. 峻影每先迎海日, 危形長恐墜潮波. 縱饒蘊玉誰回顧, 擧世謀身笑卞和.

'변화'(卞和)는 초(楚)나라 사람으로 좋은 옥을 구별하는 재능이 있었는데, 당시 사람들은 그의 재능을 몰라보았다고 한다. 시인은 산꼭대기의 우뚝한 바위에 자기를 투사시키면서 변화(卞和)의 옛일을 떠올리고 있다. 남다른 재주를 품고 있음에도 세상에 제대로 쓰이거나 인정받지 못하고 있는 시인 자신을 산꼭대기의 우뚝한 바위에 견주고 있는 것이다.

들불

바라보니 깃발이 문득 펄럭거려
변방을 가로지르는 군대인가 했네.
사나운 불꽃 하늘을 살라 지는 해를 무색케 하고
미친 연기 들을 막아 지나는 구름을 끊네.
마소 치는 데 방해된다 탓하지 마오
여우 살쾡이 죄다 흩어지니 기쁘지 않소?
다만 두려운 건 바람이 산 위까지 불어
옥석(玉石) 가리지 않고 모두 태울까 하는 것.

望中旌旆忽繽紛, 疑是橫行出塞軍. 猛焰燎空欺落日, 狂煙遮野截歸雲. 莫嫌牛馬皆妨牧, 須喜狐狸盡喪群. 只恐風驅山上去, 虛敎玉石一時焚.

들불이 들판에 퍼져 가는 것을 깃발 든 군대가 달려가는 데 비유한 첫 두 행은 이미지가 대단히 참신하다. '여우 살쾡이'는 간신배나 모리배를 가리킬 터이다. 이 시에서 보듯, 최치원은 소인배나 불의한 사람을 미워했다. 아마 당시에도 그런 사람이 많았던 것 같다.

석류

뿌리는 진흙 사랑 성품은 바다 사랑
열매는 진주 같고 껍데기는 게 같아라.
새콤달콤한 고것 언제나 맛볼까
잎 지고 바람 높은 시월이라네.

根愛泥沙性愛海, 實如珠玉甲如蟹. 酸中甘味何時來, 葉落風高月建亥.

짤막한 시에서 석류의 뿌리, 성품, 열매, 껍데기, 맛 등을 인상적으로 포착해 내고 있다. 발랄한 어조가 흡사 아이들이 부르는 노래 같다. '성품은 바다 사랑'이라 한 것은, 석류 중에 '해류'(海榴)라는 것이 있는바 이 품종이 바닷가에서 잘 서식하기에 한 말이다.

단풍나무

흰 구름 떠 있는 바닷가에 선녀가 서 있는 듯
마치 족자 속의 수목화(樹木畫)를 보는 듯.
어여쁜 모습은 세상에 많다지만
한가로운 정취는 그대 같은 이 없네.
이슬 머금어 맑은 단장은 눈물을 글썽이는 듯
바람 맞아 흔들리는 자태는 붙들어 주길 바라는 듯.
추운 숲에서 읊조리니 문득 슬퍼져
산중에도 흥망이 있음을 알겠네.

白雲巖畔立仙姝, 一簇煙蘿倚畫圖. 麗色也知於世有, 閒情長得似君無. 宿糚含露疑垂泣, 醉態迎風欲待扶. 吟對寒林却惆悵, 山中猶自辨榮枯.

가을 숲에 서서 정취 있는 단풍나무의 모습을 보고 감탄하다가 이내 서글픔을 느끼는 시인이 또 다른 한 그루의 단풍나무 같다.

해문사 버드나무

광릉성(廣陵城) 기슭에서 이별했던 아리따운 모습을
이 바닷가에서 다시 만날 줄 어찌 알았으리.
관음보살 아끼시던 일이 두려워
떠날 때 한 가지도 꺾지 못했지.

廣陵城畔別蛾眉, 豈料相逢在海涯. 只恐觀音菩薩惜, 臨行不敢折纖枝.

버드나무를 참 희한하게 읊었다. 불교에서는 서른셋 관음보살을 일컫는데, 그중 하나로 양류관음(楊柳觀音)이 있는바 중생의 병을 치유해 주는 관음이다. 옛날 인도의 바이샬리라는 지방에 전염병이 유행했는데, 손에 버드나무 가지를 든 관음이 나타나 병에 걸린 사람들에게 주문을 가르쳐 병을 없앴다고 한다. 이 시에 나오는 '관음보살'이 바로 양류관음이다.

파도

눈이 휘날리듯 천만번 거듭하고
물때 따라 오가며 옛 자취 반복하네.
그대는 종일토록 신의를 지켰건만
부끄럽게도 나는 시속 좇아 나태하다네.
석벽에 부딪는 굉음 벼락 치는 듯하고
구름 봉우리의 저녁 해는 연꽃을 흔드니
거센 바람 타겠다던 종각(宗慤)의 말 생각나고
장대한 기운 일어나 와룡(臥龍)이 생각나네.

聚雪翻霜千萬重, 往來弦望躡前蹤. 見君終日能懷信, 慙我趨時盡放慵. 石壁戰聲飛霹靂, 雲峯倒影撼芙蓉. 因思宗慤長風語, 壯氣橫生憶臥龍.

파도를 잘 형용했다. 특히 파도와 '나'를 대비시킨 제3·4행에서 시인의 성찰적 관점이 잘 드러난다. 시인은 파도를 보면서도 자신의 삶을 응시하고 있는 것이다. '종각'은 남조(南朝) 시대 사람으로, 어릴 적에 숙부가 그에게 포부를 묻자 "거센 바람을 몰아 만리의 파도를 휘젓겠노라"고 말했다고 한다. '와룡'(제갈량諸葛亮의 호)은 삼국 시대 촉(蜀)나라의 재상으로, 군대를 이끌고 노수(瀘水)라는 강을 건널 때 거친 파도를 만났는데, 그때 사람의 머리 대신 만두를 빚어 이를 재물로 바침으로써 위기를 극복했다고 한다.

바위 위를 흐르는 샘

거문고 곡조 제아무리 잘 탄다 해도
저 구름 아래 들려오는 소리만 못해요.
맑고 티 없어 거울보다 낫고요
때로 가벼운 바람이 옥 소반을 스치는 듯해요.
흐느끼는 건 장량(張良)이 석공(石公)의 말 좇지 않아서고
졸졸 흐르니 손초(孫楚)의 베개가 차갑지요.
생각하면 애석해요 그 맑은 빛이
바다로 가 모두 한 물결 되니.

琴曲雖誇妙手彈, 遠輪雲底響珊珊. 靜無纖垢侵金鏡, 時有輕飊觸玉盤. 嗚咽張良言未用, 潺湲孫楚枕應寒. 尋思堪惜淸泠色, 流入滄溟便一般.

어떤 아름다운 음악 소리도 자연의 소리에는 미칠 수 없다는 생각이 재미있다. '장량'은 전국 시대 사람으로, 은자인 황석공(黃石公)의 말을 좇지 않고 공을 이룬 뒤에야 은거하였다. '손초'는 동진(東晉) 때 사람으로 젊어서 은거한 적이 있는데, '돌을 베개 삼는다'는 말을 '시냇물을 베개 삼는다'고 잘못 말한 것으로 유명하다.

바위 위 작은 소나무

쓸모없는 나무가 수(壽)를 누리나니
산골짜기가 어찌 바닷가만 할까.
저물녘 해가 구름을 끌어와 섬의 나무들 가지런하고
밤바람은 솔방울 흔들어 밀물 모래밭에 떨어뜨리네.
반석에 내린 뿌리 깊고 굳세니
구름에 닿기 아득하다 뭘 한탄하리.
키 작은 걸 부끄러워할 것 없네
안영(晏嬰)의 집 들보로 삼을 만하니.

—

不材終得老煙霞, 澗底何如在海涯. 日引暮陰齊島樹, 風敲夜子落潮沙. 自能盤石根長固, 豈恨凌雲路尙賖. 莫訝低顏無所愧, 棟樑堪入晏嬰家.

이 시에 나오는 소나무는 바닷가의 바위 위에 서 있는 키 작은 나무다. 시인은 이를 통해 겉만 보고 사물의 가치를 판단해서는 안 된다는 생각을 피력하고 있다. "쓸모없는 나무가 수를 누리나니"라는 시행은 『장자』에 나오는 고사와 관련된다. 장자(莊子)가 산속을 가다가 아주 큰 나무를 보았는데 곁에 있던 나무꾼이 그 나무를 베려고 하지 않았다. 왜 그러느냐고 물으니 너무 커서 쓸모가 없기 때문이라고 대답하였다. 이에 장자는 '이 나무는 쓸모없음으로 인하여 수를 누린다'는 무용지용(無用之用)에 대해 말했다. '안영'은 키가 작고 볼품없는 외모를 지녔지만 공자도 높이 평가했던 춘추 시대 제(齊)나라의 재상이다.

곧은 길 가려거든

어려운 때 정좌(正坐)한 채 장부 못 됨을 한탄하나니
나쁜 세상 만난 걸 어찌하겠소.
모두들 봄 꾀꼬리의 고운 소리만 사랑하고
가을 매 거친 영혼은 싫어들 하오.
세파 속을 헤매면 웃음거리 될 뿐
곧은 길 가려거든 어리석어야 하지요.
장한 뜻 세운들 얻다 말하고
세상 사람 상대해서 무엇 하겠소.

危時端坐恨非夫, 爭奈生逢惡世途. 盡愛春鶯言語巧, 却嫌秋隼性靈麤. 迷津懶問從他笑, 直道能行要自愚. 壯志起來何處說, 俗人相對不如無.

최치원이 25세 때인 881년에 중국인 오첨(吳瞻)에게 보낸 시이다. 제6행의 "곧은 길 가려거든 어리석어야 하지요"라는 말이 퍽 인상적이다. 당시 당나라는 지배 세력의 횡포와 극심한 기근으로 어지러웠으며, 마침내 황소(黃巢)의 난이 일어나 그 혼란이 극에 달하였다. 이렇듯 불안정한 정세가 지속되는 가운데 최치원의 상관이었던 고변(高騈)마저 정치적 위기를 겪게 되어, 결국 4년 뒤인 885년, 최치원은 17년 간의 중국 활동을 접고 신라로 돌아오게 된다.

옛 뜻

여우는 미녀로 잘 둔갑하고
살쾡이는 선비로 잘 가장하네.
뉘 알리 짐승들이
사람 몸으로 변신해 홀리는 줄을.
하지만 변신은 외려 쉬운 일이요
양심 지키기가 제일 어렵네.
그러니 참과 거짓 알고 싶다면
마음의 거울 닦아 비춰 보게나.

狐能化美女, 狸亦作書生. 誰知異類物, 幻惑同人形. 變化尙非艱, 操心良獨難. 欲辨眞與僞, 願磨心鏡看.

옛날이나 지금이나 세상은 요지경 같은데, 이런 속에서 양심을 지키며 참되게 살기란 쉽지 않은 일이다. 시인은 참과 거짓을 분변하고자 한다면 자신의 마음부터 닦을 것을 말하고 있다. 최치원의 인간됨됨이를 엿보게 하는 시이다.

윤주 자화사에 오르며

산에 오르니 속세의 먼지 잠시 멀어졌건만
흥망을 생각하니 한(恨)이 더욱 새롭네.
뿔피리 소리에 아침저녁 물결이 일고
청산 그림자엔 고금(古今)의 사람 어른거리네.
서리 맞은 고운 나무에 꽃 주인 따로 없고
바람 따스한 금릉(金陵)은 풀만 절로 봄이네.
사씨(謝氏) 집안의 풍모가 아직 남아 있어
시인의 정신을 즐겁게 하네.

登臨暫隔路岐塵, 吟想興亡恨益新. 畵角聲中朝暮浪, 靑山影裏古今人. 霜摧玉樹花無主, 風暖金陵草自春. 賴有謝家餘境在, 長敎詩客爽精神.

경치와 감회를 결합시킨 솜씨가 빼어나다. 특히 제3·4행은 세월의 무상함을 잘 표현했다. '윤주'(潤州)는 지금의 중국 남경(南京) 일대이고, '금릉'은 남경의 옛 이름이다. '사씨(謝氏) 집안'이란 남조(南朝) 때 송(宋)의 저명한 시인인 사령운(謝靈運)과 그 족제(族弟) 사혜련(謝惠連)의 집안을 가리키는 것으로 보인다.

요주 파양정에서

석양 아래 읊조리니 생각이 끝없고
만고강산이 한눈에 쏙 들어오네.
태수가 백성 걱정해 잔치 멀리하니
강 가득한 바람과 달은 어옹(漁翁) 차질세.

夕陽吟立思無窮, 萬古江山一望中. 太守憂民疏宴樂, 滿江風月屬漁翁.

마지막 행이 좋다. '요주'(饒州)는 지금의 중국 강서성(江西省) 파양현(鄱陽縣)에 해당한다.

피리 소리를 듣고

인생사란 흥했다 쇠하게 마련이니
부질없는 삶 참으로 슬프구나.
뉘 알았으리, 저 천상의 곡조
이 바닷가에서 연주하게 될 줄을.
물가의 전각(殿閣)에서 꽃구경하실 때 연주했었고
바람 부는 난간에서 달 보실 때 연주했었지.
이제는 선왕(先王)을 뵐 수 없으니
그대 좇아 눈물만 줄줄 흘리네.

人事盛還衰, 浮生實可悲. 誰知天上曲, 來向海邊吹. 水殿看花處, 風檻對月時.
攀髥今已矣, 與爾淚雙垂.

시인은 당성(唐城)을 유람하던 중 우연히 한 악관(樂官)을 만나게 되었는데, 그는 돌아가신 선왕의 왕실 음악을 담당하던 악관이었다. 그의 피리 연주를 들으며 무상감과 그리움 속에서 함께 눈물을 흘린 시인은 이 시를 그에게 써 주었다. 제5·6행은 악관이 선왕 앞에서 연주하던 시절의 회상을 담고 있다.

옛일을 떠올리다

나그네 수레 멈추고 나루를 물으니
수양제 때 쌓은 제방 흙에 덮여 적막하네.
인심은 늘 어진 군주 따르거늘
버들잎은 전혀 태평한 봄빛 아니네.
탁한 물결은 황제의 노닌 자취 남기지 않고
저문 노을만 괜시리 비단 돛대 같네.
수양제가 나라 망친 일 말한들 무엇 하랴
예나 지금이나 사치하면 망하는 법이거늘.

遊子停車試問津, 隋堤寂寞沒遺塵. 人心自屬昇平主, 柳色全非大業春. 濁浪不留龍舸迹, 暮霞空認錦帆新. 莫言煬帝曾亡國, 今古奢華盡敗身.

'수양제'는 수(隋)나라의 제2대 황제이다. 사치와 향락으로 나라를 도탄에 빠뜨려 결국 신하에게 암살당했다. 백성과 아픔을 함께하는 일이야말로 통치자에게 요구되는 가장 중요한 덕목임을 말해 주는 시이다.

강남의 여인

강남은 풍속이 분방하여서
딸아이 애교 있게 키운다나.
꾸미기만 좋아하고 바느질은 부끄러워해
곱게 단장한 채 악기의 줄을 고른다지.
고상한 가락은 배운 일 없어
온통 염정(艶情)에만 이끌린다지.
꽃 같은 자기 얼굴
언제나 그럴 줄 알고,
이웃집 아낙을 비웃네
아침 내내 베틀만 잡고 있다고.
"베 짜느라 몸이 고달플 테지만
비단옷 너한테 안 돌아갈걸!"

江南蕩風俗, 養女嬌且憐. 性冶恥針線, 粧成調管絃. 所學非雅音, 多被春心牽.
自謂芳華色, 長占艶陽年. 却笑隣舍女, 終朝弄機杼. 機杼縱勞身, 羅衣不到汝.

'강남'은 중국의 양자강 이남 지역으로, 기후가 따뜻하고 물산이 풍부하여 예로부터 곡창 지대로 유명하였다. 이 시는 강남의 부유한 집 여인에 대해 노래하다가 끝에 노동하는 가난한 여인을 등장시킴으로써 빈부(貧富)에 대한 시인의 관점을 살짝 내비치고 있다. 마지막 두 행은 부유한 집 여인의 말인데, 가난한 이를 깔보는 교만한 태도가 느껴진다.

진주 캐는 사람에게

바라건대 이욕(利欲)의 문을 닫아
부모님 주신 몸 상치 말기를.
어찌하여 이익 좇는 사람들
목숨을 가벼이 여겨 바다 속에 뛰어드는지.
몸의 영화는 티끌에 물들기 쉽고
마음의 때 씻기란 참 어렵다오.
담박한 맛 그 누구와 이야기할까
세상 사람들 온통 단술만 즐기니.

願言扃利門, 不使損遺體. 爭奈探利者, 輕生入海底. 身榮塵易染, 心垢非難洗. 澹泊與誰論, 世路嗜甘醴.

시인은 사람들이 제 몸 상하는 것도 개의치 않고 바다 속에서 자맥질하며 진주 캐는 일을 하는 까닭이 이욕을 좇기 때문이라고 말한다. 과도한 욕심이란 늘 경계해야 할 대상임에 틀림없지만, 당시 목숨을 걸고 진주 캐는 일을 한 사람이 단지 이욕 때문에 그런 것은 아니지 않을까? 먹고살기 위해 어쩔 수 없이 한 일이었을 터이다. 이런 데서 상층 지식인인 시인의 한계가 드러난다 하겠다. 그렇기는 하지만 이 시는 이익을 추구하는 세태를 비판하면서 마음의 담박함을 옹호하는 데 주지(主旨)가 있다는 사실을 놓쳐서는 안 될 것이다.

다섯 가지 옛 놀이

금방울놀이

빙빙 돌며 팔 저어 금방울을 놀리니
달이 돌고 별이 뜬 듯 눈앞이 아찔.
초나라 의료(宜僚)¹⁻인들 이보다 나을까
큰 바다 물결도 잠재우겠네.

廻身掉臂弄金丸, 月轉星浮滿眼看. 縱有宜僚那勝此, 定知鯨海息波瀾.

다리꼭지놀이

어깨 툭 튀어나오고 자라목에 머리 높게 묶은
난쟁이들²⁻이 팔을 뽐내며 술잔 다투네.
노랫소리에 사람들 모두 웃으니
초저녁에 올린 깃발 새벽을 재촉하네.

1_ 의료(宜僚): 초나라 사람으로 공놀이를 잘했다고 한다.
2_ 난쟁이들: 원문은 '儒(유)'인데, 선비가 아니라 난쟁이를 뜻하는 말이 아닌가 생각된다. 그렇게 보면 제1행의 묘사와 딱 들어맞는다.

肩高項縮髮崔嵬, 攘臂群儒鬪酒杯. 聽得歌聲人盡笑, 夜頭旗幟曉頭催.

탈춤

황금빛 탈 진짜로 사람 같은데
손으로 채찍 잡고 귀신 내모네.3_
빨리 혹은 천천히 내디디며 춤을 추나니
요순 시절에 봉황이 춤추는 것 같네.

黃金面色是其人, 手抱珠鞭役鬼神. 疾步徐趍呈雅舞, 宛如丹鳳舞堯春.

꼭두각시놀이

쑥대머리에 쪽빛 얼굴 사람과 다른데
무리를 놀리며4_ 뜰에서 난새춤을 추이네.
북소리는 둥둥둥 바람은 선들선들

3_ 황금빛 탈~귀신 내모네: 이 대목으로 보아 이 탈춤은 혹 처용무가 아닐까 하는 생각이 든다.
4_ 무리를 놀리며: 여러 인형을 조종함을 뜻하는 말이다.
5_ 앞으로 껑충~종작이 없네: 인형의 춤추는 모습을 형용한 것으로 보인다.

앞으로 껑충 뒤로 훌쩍 종작이 없네.5_

蓬頭藍面異人間, 押隊來庭學舞鸞. 打鼓冬冬風瑟瑟, 南奔北躍也無端.

사자춤

멀리 사막 건너 만 리를 오느라
털 다 빠지고 먼지 뒤집어썼네.
머리 흔들고 꼬리 치며 순하게 따르지만
웅장한 그 기운 어찌 뭇짐승과 같으랴.

遠涉流沙萬里來, 毛衣破盡着塵埃. 搖頭掉尾馴仁德, 雄氣寧同百獸才.

원제는 『향악잡영 5수』(鄕樂雜詠五首)로 『삼국사기』에 전하며, 공연사적 의미가 큰 시이다. 첫 수의 금방울놀이와 둘째 수의 다리꼭지놀이는 전승이 끊긴 놀이들이다. 다만 시 내용으로 보건대, 금방울놀이는 금방울에 끈을 매어 돌리는 놀이가 아니었을까 추정된다. 다리꼭지놀이는 무슨 놀이인지 논의가 분분한데, 역자는 난쟁이들이 우스꽝스런 차림을 하고 익살을 부리며 노래를 하는 놀이로 번역해 보았다. 셋째 수의 탈춤과 넷째 수의 꼭두각시놀이, 다섯째 수의 사자춤은 조선 시대에도 즐겼던바, 오늘날에도 전통 공연으로서 명맥을 잇고 있다.

비 오는 가을밤

비 오는 가을밤

가을바람에 괴로이 시를 읊건만
세상엔 날 알아주는 벗이 없어라.
창 밖에는 깊은 밤 비 내리는데
등불 앞 내 마음은 만 리 먼 곳에.

―

秋風惟苦吟, 擧世少知音. 窓外三更雨, 燈前萬里心.

쓸쓸한 가을밤, 나를 진정 알아주는 먼 곳의 존재들이 더욱 그립다. 시인의 이런 마음이 제4행, "등불 앞 내 마음은 만 리 먼 곳에"의 공간적 격절감(隔絶感)을 통해 효과적으로 표현되어 있다. 이 시는 귀국 후 쓸쓸히 지냈던 시인이 중국의 벗들을 그리워하며 쓴 것이라는 주장이 제기되어 있다. 시인은 중국에 있을 때 이방인으로서의 소외감을 느꼈지만, 정작 고국에 돌아와서도 누구와도 소통할 수 없었던 듯하다. 그래서 다시 중국의 벗을 그리워한 건 아닐까?

밤비 내리는 객사에서

객사에 늦가을 비 내리는데
차가운 창가의 등불이 고요하여라.
시름 속에 앉아 스스로 서글퍼하니
참선하는 중이 따로 없어라.

旅館窮秋雨, 寒窓靜夜燈. 自憐愁裏坐, 眞箇定中僧.

비 내리는 늦가을 밤의 객사라는 시공간적 상황이 한없는 여운을 남긴다. 시인은 어떤 시름을 하고 있을까? 난세에 처해 고민하는 지식인 최치원의 인간적 면모가 약여하게 느껴지는 시이다.

길 위에서

동(東)으로 서(西)로 떠돌며 먼지 나는 길에서
나 홀로 여윈 말 타고 얼마나 고생했던가.
돌아감이 좋은 줄 모르지 않네만
돌아간들 내 집은 가난하거늘.

東飄西轉路岐塵, 獨策嬴驂幾苦辛. 不是不知歸去好, 只緣歸去又家貧.

최치원은 열두 살이던 868년, 당나라에 유학 가서 단 6년 만에 빈공과에 급제하였고, 그로부터 2년 뒤에 율수현위(溧水縣尉)라는 관직에 제수되었다. 이는 약관(弱冠)의 외국인에게는 이례적인 대우였으나, 보다 큰 포부를 품었던 최치원은 그 이듬해에 벼슬을 내놓고 박학굉사과(博學宏詞科)라는 시험에 응시하고자 장안의 종남산(終南山)에 들어가 공부하였다. 그러나 뜻을 이루기 전에 모아놓은 양식과 돈이 떨어져 다시 일자리를 구해야 하는 고달픈 처지에 놓이게 되었다. 이 시는 이런 상황 속에서 창작된 듯하다.

바닷가에서 봄 경치를 바라보며

갈매기와 해오라기는 제각기 오르락내리락 날고
멀리 물가의 그윽한 풀빛은 더욱 짙어 가네.
천 리 밖에서 품는 만 가지 사념(思念)
먼눈으로 해질녘 구름 보니 아득하기만.

鷗鷺分飛高復低, 遠汀幽草欲萋萋. 此時千里萬重意, 目極暮雲翻自迷.

최치원의 시 중에는 바닷가에서의 소회를 읊은 시가 많은데, 중국에 있을 때 지은 이 시도 그중 하나다. 시인의 눈길은 바닷가의 갈매기·해오라기·풀빛을 향해 있지만, 시인의 마음은 온갖 사념으로 착잡하기만 하다. 먼 바다를 바라본 것은 고국 신라를 그리워해서일까? 이 시는 자연의 풍광을 노래하고 있는 것처럼 보이나, 실제로는 최치원의 내면 풍경을 보여 주는 시이다.

바닷가 거닐며

바닷물 빠진 뒤에 모래사장 걷노라니
해 저무는 산마루에 저녁노을 자욱하네.
봄빛도 날 오래 괴롭히지 못하리
머잖아 고향의 꽃향기에 취할 테니까.

潮波靜退步登沙, 落日山頭簇暮霞. 春色不應長惱我, 看看卽醉故園花.

머잖아 고향에 돌아갈 생각이 지금 여기의 쓸쓸함에 위안이 되고 있다.

모래사장

멀리서 바라보면 눈꽃이 날리는 듯
연약하여 언제나 제 몸 못 가누네.
모이고 흩어짐 조수(潮水)에 맡기고
높아지고 낮아짐 바닷바람에 기대네.
안개가 바다에 자욱할 땐 사람 자취 끊어지고
햇빛이 서리에 비추일 땐 학이 노닐지.
이별의 한 가득하여 시 읊는 이 밤
달마저 밝으니 이를 어쩌나.

遠看還似雪花飛, 弱質由來不自持. 聚散只憑潮浪簸, 高低況被海風吹. 煙籠靜練人行絶, 日射凝霜鶴步遲. 別恨滿懷吟到夜, 那堪又値月圓時.

모래를 눈꽃에 비유한 발상이 새롭다. 시인은 바닷가의 이 아름다운 광경을 떠나야 하는 데 대해 몹시 아쉬움을 느끼고 있다. 최치원의 섬세하고 다정다감한 면모를 잘 보여주는 시라 할 만하다.

봄 경치를 보고

안개 낀 바다 먼눈으로 바라보니
새벽 까마귀 나는 곳 고향인가 싶어라.
나그네 시름 이제 그만 끝나고
행색도 다못 웃음을 띠게 하겠지.
물결은 모래톱 밀고 꽃은 언덕에 지고
구름은 바위를 단장하고 잎은 산을 덮었네.
장사하러 오가는 사람들에게 말하노라
"누가 천금으로 한가함을 살 수 있겠소?"

———

目極煙波浩渺間, 曉烏飛處認鄉關. 旅愁從此休凋鬢, 行色偏能助破顔. 浪蹙沙頭花撲岸, 雲糚石頂葉籠山. 寄言來往鴟夷子, 誰把千金解買閒.

———

최치원이 귀국을 결심한 884년경에 씌어진 시로 보인다. 머잖아 그리운 고향에 돌아가리라는 기대감 때문일까? 이 시는 최치원의 다른 시들과는 달리 희망에 차 있고 뭔가 설렘으로 가득한 마음이 느껴진다. 이 때문이겠지만 제5·6행의 풍경 묘사도 퍽 밝고 낙관적이다.

낙동강 정자에서

안개 낀 봉우리 우뚝하고 물은 넘실거리는데
물속에 비친 인가(人家)는 푸르른 봉우리 마주했네.
바람 따라 가는 저 배는 어느 곳 배일까?
잠깐 사이 새는 날아 종적이 없네.

煙巒簇簇水溶溶, 鏡裏人家對碧峯. 何處孤帆飽風去, 瞥然飛鳥杳無蹤.

한 편의 그림을 마주한 듯 아름다운 시이다. 원제에는 강 이름이 '황산강'(黃山江)으로 되어 있는데, 낙동강의 옛 이름이다. 공간적 배경으로 보아 최치원이 귀국한 뒤에 쓴 시인 듯하다.

고마운 친구에게

외로운 나그네 여기서 그대를 두 번이나 만났거늘
가을바람에 시 읊으며 헤어짐을 슬퍼하네.
문 앞 버드나무에 올해 새로 난 잎은 시들었건만
나그네는 작년 옷 그대로일세.
길은 하늘 끝 아스라한데 시름 속에 늙어 가니
바다 너머 고향집 꿈에나 돌아갈까.
허허, 이 몸은 봄날의 제비런가
단청 그린 높은 집에 다시 와 노니니.

孤蓬再此接恩輝, 吟對秋風恨有違. 門柳已凋新歲葉, 旅人猶着去年衣. 路迷霄漢愁中老, 家隔煙波夢裏歸. 自笑身如春社燕, 畫梁高處又來飛.

지난해와 금년에, 두 번이나 신세 진 친구의 집을 떠나며 그 소회를 읊은 시이다. 제5·6행을 통해 고국을 그리는 마음을 읽을 수 있다. 마지막 두 행의 표현은 재미있으면서 처량하다.

장안의 여관에 묵으며 어떤 이웃에게

외국에서 나그네로 오래 지내니
만 리 밖 사람인 게 부끄럽구려.
나는 안회 같은 사람 못 되나
맹자를 이웃으로 삼게 되었지.
도를 지키며 오직 옛글 익힐 뿐이니
벗 사귐에 가난을 꺼릴 게 있소.
타향이라 지기(知己)도 별로 없으니
그대 집에 자주 놀러 가도 싫다 말기를.

上國羈栖久, 多慙萬里人. 那堪顏氏巷, 得接孟家隣. 守道惟稽古, 交情豈憚貧.
他鄕少知己, 莫厭訪君頻.

'안회'는 공자의 제자로, 가난하게 살면서도 변치 않고 즐겁게 공부하여 공자가 그 어짊을 높이 평가했던 인물이다. 가난하면 가난한 대로, 부유하면 부유한 대로, 처지에 흔들림 없이 늘 한결같은 친구가 이웃에 산다면 세상에 그보다 좋은 일이 또 있을까.

섣달 그믐밤, 친구에게

친구여, 우리 함께 노래하고 시 읊으며
지난해 이루지 못한 포부를 한탄 마세나.
다행히 봄바람이 돌아갈 길 맞아 주면은
꽃피는 좋은 시절 고국에 닿겠지.

與君相見且歌吟, 莫恨流年挫壯心. 幸得東風已迎路, 好花時節到鷄林.

최치원이 신라에 귀국하기 전인 이십대 무렵에 쓴 시로 보인다. 한 해의 마지막 날이 되면 누군들 상념이 없지 않겠지만, 아직 이룬 것보다 이루어야 할 것이 훨씬 많은 청춘에게는 그 시절만의 고민과 회한이 있게 마련이다. 그래도 함께 노래 부르고 시를 나눌 벗이 있어 시인은 행복해 보인다.

봄놀이 약속을 저버린 친구에게

장안에서 고생하던 때 생각해 보면
어찌 고향의 봄날을 헛되이 보내랴.
오늘 아침에 산에 놀러가잔 약속 또 저버리니
속세의 명리인(名利人) 알게 된 게 후회스럽네.

―

每憶長安舊苦辛, 那堪虛擲故園春. 今朝又負遊山約, 悔識塵中名利人.

최치원이 당나라에서 귀국한 지 얼마 되지 않은 삼십대 초반 무렵에 쓴 시인 듯하다. '명리인'이란 명예와 이익만을 좇는 사람이라는 뜻이다. 아마도 최치원은 친구와의 봄놀이 약속을 무척 기대했던 것 같은데 친구가 오지 않아 섭섭하고 아쉬운 마음을 이 단어에 담았다. '장안'은 당나라의 수도를 가리킨다.

봄날 정자에서 노닐며

늘 시와 술로 평생을 즐기거늘
봄 깊은 양제성(煬帝城)을 어이 그냥 보내랴.
한눈에 드는 경치 끝이 없어
칠언시(七言詩)로 이 정취를 쏟아 내누나.
꽃은 비단 펼쳐 나비를 머물게 하고
버들은 명주실로 꾀꼬리를 붙드네.
좋은 벗 서로 불러 술 권하는 자리에
환영(桓榮)보다 나은 그대 학식 부럽기만 하네.

―

每將詩酒樂平生, 況値春深煬帝城. 一望便驅無限景, 七言能寫此時情. 花鋪露錦留連蝶, 柳織煙絲惹絆鶯. 知己相邀勸醉處, 羨君稽古賽桓榮.

―

봄날 시골 정자에서 노닐며 벗이 지은 시에 화답한 시이다. '양제성'은 지금의 중국 강소성(江蘇省) 양주(揚州)를 이르고, '환영'은 후한(後漢) 때 사람으로 경전에 해박했던 인물이다.

늦봄

봄바람에 온갖 향기 맡으니
마음이 늘어진 버드나무 가지처럼 낭창대네.
소무(蘇武)의 편지는 변방에서 돌아오고
장주(莊周)의 꿈은 낙화 좇아 바쁘네.
늦봄 경치에 아침마다 취해 좋기는 하다만
헤어지는 마음 일일이 헤아리기 어렵네.
때는 바야흐로 기수(沂水)에서 멱 감는 시절
옛날 선향(仙鄕)에서 놀던 일 애달프구려.

―

東風遍閱百般香, 意緒偏饒柳帶長. 蘇武書回深塞盡, 莊周夢逐落花忙. 好憑殘景朝朝醉, 難把離心寸寸量. 正是浴沂時節日, 舊遊魂斷白雲鄕.

―

최치원이 중국인 친구 고운(顧雲)에게 장안에서 함께 노닐던 일을 생각하며 화답한 시이다. '소무'는 한(漢)나라 무제(武帝) 때 사신으로, 흉노의 포로로 잡혔는데 자신의 생존을 알리는 편지를 기러기 발에 매어 보내 고국으로 돌아올 수 있었다. 그런데 이 시에 보이는 '소무의 편지'는 단지 '기러기'를 가리키는 뜻이며, '장주의 꿈' 역시 단지 '나비'를 가리키는 뜻이다. 늦봄의 풍경을 그리기 위해 이 둘을 취한 것이다. '기수'는 『논어』에 나오는 말로, "늦봄에 봄옷이 완성되면 어른 대여섯 명과 동자 예닐곱 명과 함께 기수(沂水)에서 목욕한다"는 말이 보인다. '선향'은 당나라 수도 장안을 가리킨다.

산양에서 고향 친구와 헤어지며

만나서 잠시 초산(楚山)의 봄 즐기다가
다시 헤어지려니 눈물이 수건을 적시네.
바람 맞으며 슬피 바라본들 이상타 생각 마오
타향에서 고향 친구 만나기 참 어려우니.

相逢暫樂楚山春, 又欲分離淚滿巾. 莫怪臨風偏悵望, 異鄕難遇故鄕人.

최치원이 중국에 있을 때 신라인을 만나 잠시 함께 봄을 즐기다가 이별에 임해 지은 시로 보인다. 제3·4행에서 타국에서 혼자 살아가는 시인의 외로움이 느껴진다. '산양'(山陽)은 강소성(江蘇省) 회안(淮安)을 이른다. '초산'은 '초주'(楚州)라고도 하는데, 산양을 가리킨다.

여도사와 헤어지며

늘 속세의 벼슬살이 후회했으나
마고(麻姑)와 알고 지낸 몇 년간 참 기뻤어요.
떠나는 길에 진심으로 말하노니
바닷물은 어느 때나 다 마를까요?

每恨塵中厄宦塗, 數年深喜識麻姑. 臨行與爲眞心說, 海水何時得盡枯.

'마고'는 한(漢)나라 환제(桓帝) 때 채경(蔡經)이라는 관리의 집에 머물었다는 전설 속 선녀이다. 시인은 넌지시 자신을 '채경'에, 여도사를 '마고 선녀'에 견주고 있다. 시인은 괴로운 벼슬살이 중에 그나마 이 여도사에게 마음을 붙였던 모양이다. 마지막 행은 '상전벽해'(桑田碧海)와 관련된 말이니, 마고 선녀는 하도 오래 살아 바다가 뽕나무 밭이 되는 것을 세 번이나 봤다고 한다.

슬퍼도 슬퍼 마오

먼 바닷가 산에는 새벽안개 짙게 깔렸고
백 폭 돛은 만리바람에 펼치어 있네.
슬퍼도 슬퍼 마오 아녀자처럼
헤어진다고 너무 슬퍼할 건 없네.

海山遙望曉烟濃, 百幅帆張萬里風. 悲莫悲兮兒女事, 不須怊悵別離中.

제1행의 '새벽안개'와 제2행의 '만리바람'은 대구를 이루며 그 심상을 통해 이별의 정한을 깊게 해 준다. 이 점에서 그 다음 제3행의 '슬퍼도 슬퍼 마오'는 얼마나 역설적인 어법인가.

언제 다시 만날는지

만난 지 며칠 만에 또 헤어지려니
갈림길에 또 갈림길 시름겹도다.
손 안에 계수나무 향기 벌써 다 사라져 가건만
그대와 헤어지면 속마음 나눌 이 하나 없겠지.

相逢信宿又分離, 愁見岐中更有岐. 手裏桂香銷欲盡, 別君無處話心期.

소윤(少尹) 벼슬을 한 김준(金峻)이라는 친구와 이별하며 쓴 시이다. 김준은 최치원이 귀국 후 교유한 인물 가운데, 『삼국사기』를 통해 유일하게 이름이 전해지는 인물이다.

헤어지는 오 수재에게

1

아직 벼슬해 부모를 영광스럽게 못했으니
갈림길에서 잠시 몸이 수고로운 걸 서글퍼 마오.
오늘 아침 멀리 헤어지며 무슨 말 하겠나
남에게 부끄러운 일 하지 말라는 말밖에.

榮祿危時未及親, 莫嗟岐路暫勞身. 今朝遠別無他語, 一片心須不愧人.

2

석양엔 변방 기러기 높이 날고
저녁연기는 먼 데 물가 나무에 어리었네.
고개 돌려 바라보니 그리운 마음 한없는데
하늘가 외로운 배만 물결 헤치며 가네.

殘日寒鴻高的的, 暮烟汀樹遠依依. 此時回首情何限, 天際孤帆窄浪飛.

제목의 '수재'(秀才)는 과거 공부 중인 젊은이를 일컫는 말이다. 첫 수 제2행에서 '갈림 길' 운운한 것은, 과거에 합격하기까지 험난한 어려움이 있더라도 잘 참고 견디라는 뜻이다. 제4행은 울림이 깊다. 둘째 수 제1·2행에 이미 이별의 정한이 듬뿍 담겨 그 여운이 한량없는데, 제4행에 이르면 최고조로 고조되어 주체하기 어려운 느낌이다.

강남으로 돌아가는 오 진사에게

그대와 안 뒤 몇 번째 이별인가
이번 헤어짐에는 아쉬움 더욱 깊네.
전쟁으로 인해 가는 곳마다 어수선한데
어느 때 다시 만나 시와 술 즐길는지.
멀리 나무들은 강변에 늘어섰고
찬 구름은 말 앞 산등성이에 걸려 있네.
가다가 좋은 경치 만나거든 시 지어 전해 주게
혜강(嵇康)의 게으른 버릇일랑 본받지 말고.

―

自識君來幾度別, 此回相別恨重重. 干戈到處方多事, 詩酒何時得再逢. 遠樹參差江畔路, 寒雲零落馬前峯. 行行遇景傳新作, 莫學嵇康盡放慵.

―

제목의 '오 진사'(吳進士)는 앞 작품의 '오 수재'와 동일인이다. '진사'라고 한 것으로 보아 과거에 급제해 고향인 강남으로 돌아갔던 모양이다. 제5·6행의 풍경 묘사는 꽤 운치가 있다. '혜강의 게으른 버릇'이란, 죽림칠현(竹林七賢)의 일원이었던 혜강이 자신을 관직에 추천한 산거원(山巨源)에게 편지를 보내, 자신이 관직에 부적합한 이유를 열거하면서 '게을러서 편지 잘 안 하는 버릇'을 그 한 이유로 들었던 데 착안한 표현이다. 간단히 말해, 편지 자주 하라는 말이다.

우강 역 정자에 적다

모랫벌에 말 세우고 돌아오는 배 기다리나니
한 줄기 물안개 만고의 시름이네.
산이 평지 되고 이 강물 다 마르면
인간 세상 이별도 비로소 그치련만.

―

沙汀立馬待回舟, 一帶煙波萬古愁. 直得山平兼水渴, 人間離別始應休.

이별은 만고의 문학적 주제이다. 인간이 존재하는 한 이별이 그칠 날이 있을까. '우강'(芋江)은 어딘지 미상이다.

은거를 꿈꾸며

운봉사에 올라

칡덩굴 붙잡고 운봉사에 올라
내려다보니 아래 세상 텅 비었네.
천산(千山)은 손바닥 위에 있듯 분명하고
만물은 가슴을 시원하게 하네.
탑 그림자는 하늘가의 눈[雪] 같고
소나무 소리는 높은 하늘 바람일세.
구름이랑 노을은 날 비웃을 테지
발길 돌려 속세로 돌아간다고.

捫葛上雲峯, 平看世界空. 千山分掌上, 萬事豁胸中. 塔影日邊雪, 松聲天半風.
煙霞應笑我, 回步入塵籠.

이 시는 기상이 퍽 높다. '운봉사'(雲峰寺)는 신라 진평왕 10년(588)에 운달산 정상 부근의 금선대라는 곳에 창건된 절로, 지금의 경상북도 문경시 김룡리에 위치한 김룡사(金龍寺)의 전신이다. 높은 곳에 올라 보면 시선이 달라지는 만큼 생각도 달라진다. 하지만 저 아래 세상의 굴레로부터 완전히 벗어날 수 없다는 데 생각이 미치자, 시인은 제7·8행에서 다소 자조적인 태도를 보이고 있다.

갈매기

물결 따라 이리저리 나부끼다
가벼이 털옷 터니 참으로 물 위의 신선일세.
자유로이 세상 밖 드나들고
거침없이 선계(仙界)를 오고 가네.
맛난 음식 좋은 줄 모르고
풍월(風月)의 참맛 깊이 사랑한다네.
장자(莊子)의 나비 꿈 생각해 보면
내가 그대를 보다가 잠드는 이유를 알 테지.

―

慢隨花浪飄飄然, 輕擺毛衣眞水仙. 出沒自由塵外境, 往來何妨洞中天. 稻粱滋味好不識, 風月性靈深可憐. 想得漆園蝴蝶夢, 只應知我對君眠.

'장자의 나비 꿈'이란, 장자가 꿈에서 나비가 되어 한참을 자유롭게 노닐다가 문득 내가 정말 나비가 된 것인지, 혹 나비가 내가 된 것은 아닌지 의심스럽다는 생각을 함으로써 꿈과 현실, 남과 나를 구별 짓는 경계 너머에 대해 깨닫게 된 일을 말한다. 아마도 시인은 물 위의 신선 같은 갈매기를 보며 물아일체(物我一體)의 경지를 꿈꾸었던 듯하다.

겨울날 산사에서 노닐며

잠시 선방(禪房)에 와 쉬니 그리움 아련하고
이렇게 희귀한 산수 사랑스럽기만 하네.
빼어난 경치에 오래 머물지 못함이 슬퍼
한가롭게 시 읊으며 집에 돌아감을 잊네.
스님은 샘을 찾아 먹을 물 길어 내고
학이 솔가지 뜨매 눈이 훅 날리네.
시와 술 즐기던 도연명의 흥취를 일찍 알았더라면
세상 명리(名利) 하마 잊었을 텐데.

―

暫遊禪室思依依, 爲愛溪山似此稀. 勝景唯愁無計住, 閑吟不覺有家歸, 僧尋泉脈敲冰汲, 鶴起松梢擺雪飛. 曾接陶公詩酒興, 世途名利已忘機.

겨울 산사의 한가롭고도 아늑한 정경이 잘 그려진 시이다. 제5행과 제6행은 대구에 해당하는데, 스님과 학이 능청스러울 만큼 절묘한 조화를 이루고 있다. 시학의 최상승(最上乘)이라 할 무심(無心)의 경지를 그려 냈다 할 만하다.

바위 봉우리

저 높은 바위 꼭대기 하늘에 닿을 듯
바다에 해 돋자 한 송이 연꽃으로 피네.
형세 가팔라 뭇 나무 범접을 못하고
격조 높아 오직 구름과 안개만 벗 삼네.
차가운 달은 새로 내린 눈으로 단장하고
옥 굴리는 맑은 소리 작은 샘에서 솟아나네.
생각건대 봉래산도 다만 이와 같으리니
달밤이면 여러 신선 모이리라.

巉嵒絶頂欲摩天, 海日初開一朶蓮. 勢削不容凡樹木, 格高唯惹好雲煙. 點酥寒影稚新雪, 戛玉淸音噴細泉. 靜想蓬萊只如此, 應當月夜會群仙.

최치원이 사신으로 당나라에 가서, 지금의 중국 청도(靑島)에 위치한 대주산(大珠山) 아래에 배를 대어 놓고 읊은 시이다. 제2행은 기가 막힌 표현이다. 해가 돋을 때 햇빛에 비친 바위 봉우리를 두고서 한 송이 연꽃이 벌어지는 걸 상상하다니! 시인의 상상력이 놀랍기만 하다. 대주산은 기암괴석(奇巖怪石)으로 이름난 산이며, '봉래산'은 신선이 산다는 전설의 산이다.

바다에 배 띄우니

푸른 바다에 배 띄우니
긴 바람이 만 리에 통하네.
뗏목 탔던 한(漢)나라 사신 생각나고
불사약 구하러 간 진(秦)나라 동자 떠오르네.
해와 달은 허공 밖에 있고
하늘과 땅은 태극 속에 있네.
봉래산이 지척에 보이니
나 또한 선옹(仙翁)을 찾으리라.

掛席浮滄海, 長風萬里通. 乘槎思漢使, 採藥憶秦童. 日月無何外, 乾坤太極中.
蓬萊看咫尺, 吾且訪仙翁.

드넓은 바다에 배를 띄우고 앉아, 시인은 땅에서 잊고 지낸 광활한 세계를 잠시 그려 보고 있다. 현재 전하는 최치원의 시 중 제일 스케일이 크고 호방한 작품이다. 제3행의 '뗏목 탔던 한(漢)나라 사신'은 한무제(漢武帝) 때 뗏목을 타고 은하(銀河)에 갔다 왔다는 장건(張騫)이란 인물을 말한다. 제4행의 '진(秦)나라 동자'는 진시황(秦始皇) 때 동방에 있는 불사약을 구하러 보내졌다는 삼천 명의 동자를 말한다.

천 갈래 길

흰 구름 시냇가에 절을 짓고는
서른 해 동안 이 절에서 주지로 살았네.
웃으며 문 앞의 한 줄기 길 가리키는데
산자락 나서자 천 갈래 길이 되누나.

白雲溪畔刱仁祠, 三十年來此住持, 笑指門前一條路, 纔離山下有千岐.

최치원이 금천사(金川寺) 주지에게 써 준 시이다. 깊고 높은 산 속 고즈넉한 절에 두 사람이 있는데, 한 사람이 손가락으로 문밖을 가리키자 다른 한 사람이 그 손끝을 바라보고 있는 정경이 한 폭의 그림처럼 연상된다. 제3·4행은 함축이 깊어 이른바 '언외지언'(言外之言)을 담고 있다 할 만하다.

노승

구름 가에 절간 지어 놓고
선정(禪定)에 든 지 어언 오십 년.
지팡이는 산 밖을 나선 일 없고
붓으론 서울에 보내는 편지 안 쓰네.
대 홈에 샘물 소리 들려오고
소나무 창가엔 해 그림자 성근데
높은 경지라 다 읊지 않고
눈 감은 채 진여(眞如)를 깨치네.

―

雲畔構精廬, 安禪四紀餘. 笻無出山步, 筆絶入京書. 竹架泉聲緊, 松櫺日影疏. 境高吟不盡, 瞑目悟眞如.

운문난야(雲門蘭若: '난야'는 절이라는 뜻)에서 일생을 보낸 노승의 오십 년 삶을 노래한 시이다. 담담히 읊조린 듯하지만, 제3·4행에 보이는 수행자로서의 노승의 깐깐한 결기 때문인지 도무지 가볍지 않다. 제8행의 '진여'란 불교에서 진리를 일컫는 말이다.

혼자 사는 중에게

솔바람 소리 빼곤 귀가 시끄럽지 않은
흰 구름 깊은 곳에 띠풀로 지붕을 이었네.
세상 사람 여길 알면 한스러우리
돌 위의 이끼가 발자국에 더럽혀질 테니.

除聽松風耳不喧, 結茅深倚白雲根. 世人知路翻應恨, 石上莓苔汚屐痕.

재곡난야(梓谷蘭若)에서 혼자 사는 중에게 써 준 시이다. 제1행이 평범한 듯하면서도 썩 빼어나다.

청 상인에게

바닷가 구름 속의 저 암자 푸른 산에 의지해
속세와 멀리 떨어져 스님 거처로 딱 맞네.
이보게, 파초 비유만 물으려 말고
봄바람에 물결 살랑이는 것도 좀 보게나.

海畔雲菴倚碧螺, 遠離塵土稱僧家. 勸君休問芭蕉喩, 看取春風撼浪花.

제3·4행이 재미있다. 공연히 현묘한 도리에 사로잡히지 말고, 눈앞의 자연이 연출하는 미묘하면서도 생기에 가득한 진리를 직시하고 음미하라는 뜻이다. 제목의 '상인'(上人)은 승려를 가리키는 말이다. '파초'는 바나나 나무를 가리키는데, 그 열매의 껍질을 벗겨 가도 결국 아무것도 얻지 못하므로 사물에 실체가 없는 것, 즉 공(空)을 뜻한다.

산에 사는 중에게

이보시오, 청산이 좋다는 말 마오
정말로 산이 좋으면 뭣 하러 나오시오?
두고 보오 나의 훗날 자취를
한번 청산에 들면 다시는 나오지 않으리니.

―

僧乎莫道靑山好, 山好何事更出山. 試看他日吾踪跡, 一入靑山更不還.

최치원은 당나라에서 귀국한 뒤 십여 년간 조정(朝廷)에 참여하며 신라 사회의 모순을 개혁하고자 하였으나 실패하였다. 그렇기는 하나 신라를 부정한 채 왕건이나 견훤 등의 세력에 동조할 수 없었던 최치원에게 은거란 어쩌면 필연적 선택이었는지 모른다. 이 시는 구전으로 전해진 작품으로 「산속에 들어가며」(入山詩)라는 제목으로도 알려져 있다.

가야산 독서당에 적다

바위 사이로 콸콸 치달리며 온 산에 소리쳐
지척에 있는 사람 말도 못 알아듣겠네.
시비 다투는 소리 들려올까 늘 걱정되어
짐짓 흐르는 물로 산을 감쌌네.

狂奔疊石吼重巒, 人語難分咫尺間. 常恐是非聲到耳, 故敎流水盡籠山.

최치원이 가야산 해인사(海印寺)에 은거할 때 지은 시로, 세상의 온갖 시비(是非)로부터 벗어나고자 하는 바람을 읊고 있다. 이 시에는 대비되는 두 가지 소리가 나오는데, 하나는 산에 흐르는 물소리이고, 다른 하나는 시비 다투는 소리이다. 시비 다투는 소리를 피하고자 흐르는 물로 온 산을 에워쌌다는 시상은 한편으로는 호쾌하고, 한편으로는 처연하다. 이 시는 현재 해인사 인근 홍류동(紅流洞) 계곡의 높다란 바위에 새겨져 있다.

가슴속 생각을 적다

세상만사 어지럽게 얽혀 있고
근심과 즐거움 또한 다단(多端)하여라.
부자도 만족하지 않는 듯하니
가난한 자가 어찌 안분자족(安分自足)하리.
통달한 이라야 영예를 버리고
초연히 홀로 올바로 보지.
누가 말했나, 허리 굽히는 일 부끄러워
산수간(山水間)에 일찍 돌아가겠노라고.
힘써 농사지으면 또한 거두는 게 있어
기한(飢寒)은 거의 면할 수 있지.
평지에서도 풍파가 일고
평탄한 길에서도 험난한 일 생기네.
세상과의 사귐 사절했으니
세속 일이 어찌 나를 괴롭히겠나.
농부가 때때로 찾아오나니
농사일 이야기하다 웃기도 하네.
가고 나면 산에 지는 해를 요량해

고요히 사립문을 닫네.
지음(知音)이야 세상에 하나 없지만
아서라, 한탄해 무엇 하겠나.

萬事相糾紛, 憂樂亦多端. 居富若未足, 居貧孰能安. 達人乃遺榮, 超然獨宜觀.
誰言恥折腰, 林壑宜早還. 力耕亦有穫, 庶免饑與寒. 平陸起風波, 坦途生險難.
謝絶世上交, 物累寧我干. 田父時時至, 農談其開顔. 去計山日夕, 寂寞掩柴關.
知音苟不存, 已矣何足歎.

이 시는 명(明)나라 때 남방위(藍芳威)가 엮은 『조선시선』(朝鮮詩選)이라는 시 선집에 수록되어 전한다. 그 내용으로 보아 은거 후에 지은 시로 여겨진다. 최치원의 시인지는 아직 단언하기 어렵지만, 최치원의 시가 많이 남아 있지 않아 한 수(首)가 아쉬운 실정임을 감안해 일단 여기에 소개해 둔다. 제7·8행은, 동진(東晉)의 시인 도연명(陶淵明)이 관직에 있을 때 몇 푼의 녹봉을 받기 위해 허리를 굽혀야 함을 부끄러워해 전원으로 돌아간 일을 말한다.

밭 갈고 김매는 마음으로

『계원필경집』 서문

　　회남(淮南)[1]에서 본국(本國: 신라)으로 돌아올 때 조서(詔書)[2]를 받들어 온 사신이자 전임 도통순관 승무랑 시어사 내공봉(都統巡官承務郞侍御史內供奉)[3]으로서 자금어대(紫金魚袋)[4]를 하사받은 신(臣) 최치원이 그간 지은 여러 시집과 표주집(表奏集)[5] 총 28권을 올립니다. 자세한 목록은 다음과 같습니다.

　　『사시금체부』(私試今體賦) 다섯 수 1권
　　『오언칠언 금체시』(五言七言今體詩) 백 수 1권
　　『잡시부』(雜詩賦) 삼십 수 1권
　　『중산복궤집』(中山覆簣集) 1부 5권
　　『계원필경집』(桂苑筆耕集) 1부 20권

　　제가 열두 살 때, 집을 떠나 서쪽[6]으로 가고자 배를 타려 할 때 돌아가신 아버지께서는 이렇게 훈계하셨습니다.
　　"십 년 안에 과거에 급제하여 진사(進士)가 되지 못하면 내 아들이라고 말하지 말거라, 나 또한 자식이 없다고 생각할 테니. 가서 부지런히 공부에 힘을 다하거라."

1_ 회남(淮南): 회수(淮水)의 남쪽 땅을 가리키는 말로, 지금의 중국 강소성(江蘇省) 일대.
2_ 조서(詔書): 천자의 분부를 담은 글.
3_ 도통순관 승무랑 시어사 내공봉(都統巡官承務郞侍御史內供奉): 중국에서 최치원이 한 벼슬 이름.
4_ 자금어대(紫金魚袋): 붉은빛과 금빛을 띤 물고기 모양의 주머니로 이름을 적은 신표(信標)가 들어 있다. 황제에게 이것을 하사받은 신하는 궁궐을 자유롭게 드나들 수 있었다.
5_ 표주집(表奏集): 천자나 조정 대신(大臣)에게 올리는 표(表)나 주(奏) 등의 글을 모은 책.
6_ 서쪽: 당나라를 가리킨다.

저는 그 엄하신 말씀을 마음에 새겨 잠시도 잊지 않고 상투를 대들보에 걸어매고 송곳으로 허벅지를 찔러 가며[7] 조금도 게으름을 피우지 않았습니다. 아버지의 뜻을 받들고자 실로 남이 백 번 하면 저는 천 번 하는 노력을 하여, 유학길에 오른 지 6년 만에 제 이름이 합격자 명단에 올랐습니다. 그 시절에 느꼈던 감정을 읊조리거나 사물에 기탁하여 제목을 부여한 것이 부(賦)[8]이고 시인데 글 상자가 넘칠 만큼 많습니다만 어린아이가 끼적거린 것 같아 장부로서 부끄럽습니다. 더욱이 어대(魚袋)를 하사받은 후로는 그 글들을 전부 내버려 두었는데 장안을 떠돌며 붓으로 밥벌이를 하게 되자 마침내 부(賦) 다섯 수, 시 백 수, 잡시부(雜詩賦) 삼십 수를 모아 세 권(卷)을 만든 바 있습니다. 그 뒤 선주(宣州) 율수현위(溧水縣尉)에 임명되어 녹봉도 많아지고 벼슬도 한가로워 넉넉한 나날을 보내게 되자 더욱 배움에 힘써 짧은 시간도 헛되이 하지 아니하여 공적으로나 사적으로 지은 글이 모두 다섯 권이나 되었습니다. '삼태기로 흙을 날라 쌓으면 산을 만들 수 있다'라는 옛말을 생각해 책 이름을 '복궤'(覆簣)[9]라 지었는데 그때 머문 지방 이름이 '중산'(中山)[10]이었기에 앞에 두 글자를 더 붙여 『중산복궤집』이라 하였습니다. 율수현위 직을 내놓고 회남 절도사의 종사관이 되어 고 시중(高侍中)의 붓과 벼루를 도맡게 되자[11] 군사 관련 글을 작성할 일이 몰려들었습니

---

[7] 상투를 대들보에~허벅지를 찔러 가며: 한(漢)나라의 손경(孫敬)은 자리에서 일어나지 않기 위해 상투를 대들보에 걸어매고 공부에만 전념하였고, 진(秦)나라의 소진(蘇秦)은 잠을 쫓기 위해 송곳으로 무릎을 찔러 가며 공부했다고 한다.

[8] 부(賦): 시적 요소와 산문적 요소를 동시에 지닌 한문 문체의 일종.

[9] 복궤(覆簣): 『논어』에서 유래한 말로, 작은 것을 모아 큰 것을 이룰 수 있다는 뜻이다.

[10] 중산(中山): 율수현에 속해 있던 지방.

[11] 고 시중(高侍中)의~도맡게 되자: '고 시중'은 '시중'(侍中)이라는 직책을 맡았던 당나라 사람 고변(高騈)을 가리킨다. 최치원은 23세이던 879년부터 4년여 간 고변을 대신해

다. 맡은 일을 힘써 담당하며 4년간 마음을 써서 만여 편의 글을 지었습니다. 그러나 변변찮은 글을 가려내고 나니 열에 한둘도 안 남았습니다. 감히 모래를 파헤쳐 보물을 발견하는 일에 견주면서, 깨진 기와 조각으로 벽을 긋는 것보다는 조금 낫다고 여겨 마침내 『계원필경집』 스무 권을 이루었습니다. 제가 난리를 만나 군막(軍幕)12_에 머물러 지내며 글 짓는 일로써 밥벌이를 했으므로 이 때문에 '필경'(筆耕)13_으로 제목을 삼았으니 왕소(王韶)14_의 말로 증험을 삼을 수 있습니다. 비록 부족한 글들이라오나 참새에게도 부끄러우나 이미 밭 갈고 김매듯 마음을 파헤친 것들이므로 자그마한 수고나마 버리기에는 아까워 임금님께 보여 드리고자 시와 부와 표와 장(狀) 등 총 28권을 이 글과 함께 삼가 올립니다.

중화(中和)15_ 6년(886) 정월에 전임 도통순관 승무랑 시어사 내공봉으로서 자금어대를 하사받은 신 최치원이 아뢰옵니다.

서 공문서를 짓는 일을 하였다.
12_ 군막(軍幕): 군대의 지휘소. 즉, 군사 지휘관이 머무는 병영을 이른다.
13_ 필경(筆耕): '붓으로 밭을 갈다'라는 뜻으로 글을 쓰는 일을 말한다.
14_ 왕소(王韶): 수(隋)나라 때 사람.
15_ 중화(中和): 당나라 희종(僖宗)의 연호.

열두 살 때 홀로 당나라 유학길에 올랐던 최치원이 17년 뒤인 스물아홉 살에 귀국하여 그 이듬해인 886년에 신라 헌강왕(憲康王)에게 올린 『계원필경집』의 서문이다. 뱃머리에 올라 아버지의 훈계를 마음에 새기는 어린 최치원의 모습과 글짓기에 공력을 기울인 청년 최치원의 고뇌가 인상 깊게 그려져 있다.

역적 황소(黃巢)에게 보낸 격문

광명(廣明)[1] 2년(881) 7월 8일에 제도도통 검교태위(諸道都統檢校太尉) 아무개[2]가 황소(黃巢)[3]에게 고한다.

올바름을 지키고 떳떳함을 행하는 것을 '도'(道)라 하고 위기에 처해 변통하는 것을 '권'(權)이라 한다. 지혜로운 사람은 때에 순응하여 성공하고, 어리석은 사람은 이치를 거슬러 실패한다. 그러므로 백 년 인생에 죽고 사는 일을 기약하기는 어려우나 모든 일이란 마음에 달려 있어 그 옳고 그름을 분별할 수 있는 것이다.

지금 우리 천자의 군대는 정벌을 할 뿐 전쟁을 하지 않고,[4] 군정(軍政)은 은혜를 베푸는 일을 먼저 하고 죽이는 일을 뒤에 한다. 장차 수도를 되찾아 큰 신의를 펴고 삼가 천자의 분부를 받들어 간사한 꾀를 그치게 하고자 한다.

너는 본래 변방 촌사람으로 갑자기 억센 도적이 되어 우연히 시세를 타 감히 도리를 어지럽히고, 마침내 불측한 마음을 품고 천자의 자리를 노리며 도성을 침노하고 궁궐을 더럽혔으니 이미 그 죄가 하늘에 닿아 반드시 패하여 도망갈 것이 분명하다.

슬프도다! 당우(唐虞)[5] 시대 이래로 묘(苗)와 호(扈)[6] 따위

---

[1] 광명(廣明): 당나라 희종(僖宗)의 연호.
[2] 제도도통 검교태위(諸道都統檢校太尉) 아무개: 고변을 가리킨다. 당시 최치원은 상관(上官)인 고변을 대신해서 이 글을 지었다.
[3] 황소(黃巢): 당나라 때 사람으로 농민 대반란을 주도하여 장안(長安: 지금의 중국 섬서성 陝西省 서안西安)에 정권을 세웠으나 결국 실패하였다. 그가 일으킨 '황소의 난'은 당나라를 붕괴시킨 결정적 사건의 하나로 평가된다.
[4] 정벌을 할 뿐 전쟁을 하지 않고: '정벌'은 황제의 군대가 죄를 지은 무리를 치는 것으로서 도덕적 명분이 강한 무력행사를 뜻하고, '전쟁'은 비교적 대등한 국가 간에 도덕적 명분

가 복종하지 아니하였으니, 선량함이 없고 무뢰하며 충의가 없는 무리들이었다. 너희들이 한 짓이 어느 시대인들 없었겠는가? 멀리는 유요(劉曜)와 왕돈(王敦)이 진(晉)나라를 엿보았고,7_ 가까이는 녹산(祿山)과 주자(朱泚)가 당나라를 시끄럽게 하였다.8_ 그들은 모두 손에 막강한 병력을 쥐고 몸으로 중요한 직책을 맡아, 호령이 떨어지면 우레와 번개가 치듯 요란하고, 시끄럽게 떠들면 안개와 연기가 서린 듯 자욱하였지만, 잠시 동안 간악한 일을 도모하다가 결국엔 남김없이 섬멸되었다.

햇빛이 활짝 났으니 어찌 요망한 기운을 그대로 두겠는가? 하늘 그물이 높이 쳐졌으니 흉악한 족속들은 반드시 제거될 것이다. 하물며 너는 말단 평민 출신으로 밭두둑 사이에서 일어나 불 지르고 겁탈하는 일을 좋은 일로 알고, 죽이고 해치는 일을 급한 일로 생각하여 헤아릴 수 없이 큰 죄만 있고 속죄할 작은 선행조차 없으니 천하의 모든 사람이 너를 죽이고 싶어 할 뿐만 아니라 땅의 귀신들도 너를 죽이고자 의논하였을 터이다. 그러니 너는 비록 숨은 붙어 있으나 넋은 이미 빠졌을 것이다.

사람의 일 중에 자기 자신을 잘 아는 것만큼 중요한 일은 없다. 나는 헛된 말을 하지 않으니 너는 잘 들어라. 근래 우리나라9_는 더러움을 용납하는 덕이 깊고, 허물을 용서해 주는 은혜가 중하여 너에게 병권(兵權)을 주고 지방을 다스리는 일을 맡겼거늘

보다 실익을 위해 다투는 무력행사를 뜻한다.
5_ 당우(唐虞): 순임금의 나라를 말한다.
6_ 묘(苗)와 호(扈): '묘'는 순임금 때의 제후국으로 복종하지 않다가 천자에게 토벌을 당했고, '호'는 우임금 때의 제후국으로 역시 복종하지 않다가 천자에게 토벌을 당했다.
7_ 유요(劉曜)와 왕돈(王敦)이 진(晉)나라를 엿보았고: 유요와 왕돈은 진나라 때 반란을 일으켰으나 모두 실패하였다.
8_ 녹산(祿山)과 주자(朱泚)가 당나라를 시끄럽게 하였다: 녹산과 주자는 당나라 때 반란을 일으켰으나 모두 실패하였다.

너는 도리어 짐새10_의 독을 품고 올빼미의 흉한 소리를 거두지 아니하여, 개가 사람을 물어뜯고 주인에게 짖는 격이다. 그리하여 마침내 몸으로 천자의 덕화(德化)를 배반하고 궁궐을 침략하여 공후(公侯)들이 험한 길로 달아나 숨게 하고 천자의 수레는 먼 지방으로 피난 가시게 하였거늘 너는 일찌감치 덕의(德義)로 돌아올 줄을 모르고 완악함만 키우고 있다. 천자께서는 너에게 죄를 용서하는 은혜를 베푸셨거늘, 너는 나라에 그 받은 은혜를 배신하는 죄를 지었으니 마땅히 죽을 날이 얼마 남지 않았다. 어찌 하늘을 두려워하지 않느냐!

하물며 주(周)나라 솥은 네가 넘볼 것이 아니요,11_ 한(漢)나라 궁궐이 어찌 네가 머물 곳이겠느냐! 장차 네가 어찌하려는 건지 모르겠구나! 너는 듣지 못하였느냐?『도덕경』(道德經)에 "회오리바람은 하루아침을 못 넘기고, 소나기는 하루를 못 넘긴다"라고 하였으니, 천지자연도 오히려 오래가지 못하거늘 하물며 사람이랴! 너는 또 듣지 못하였느냐?『춘추전』(春秋傳)에 "하늘이 나쁜 사람을 놓아두는 것은 그에게 복을 주려는 것이 아니라 그 흉악함이 더 심해지기를 기다려 벌을 내리려는 것이다"라고 하였다. 그런데 지금 너는 간사함을 감추고 포악함을 숨겨서 악이 쌓이고 화가 가득하였는데도 위험함을 편히 여기고 미혹되어 돌아올 줄을 모르니, 말하자면 제비가 막(幕)12_ 위에다 집을 지

9_ 우리나라: 당나라를 가리킨다.
10_ 짐새: 중국 남방 지역에서 서식하는 몸에 독을 지닌 새.
11_ 주(周)나라 솥은 네가 넘볼 것이 아니요: '주나라 솥'이란 황제가 될 사람이 이어받는 보물을 뜻한다. 옛날에 중국 초(楚)나라 왕이 주나라가 쇠약해지자 황제의 자리를 넘보며 사람을 보내 그 솥의 무게를 물어본 일이 있다.
12_ 막(幕): 장막.
13_ 도 태위(陶太尉)처럼 적을 처부수는 데 날래고: '도 태위'는 진(晉)나라 때 반란자들을 평정한 이름난 장수로 적을 처부수는 데 날랬다고 한다.

어 그 막이 불타오르는데도 제멋대로 날아들고, 물고기가 솥 속에서 헤엄치지만 곧 삶아지는 것과 같은 셈이다. 우리는 웅대한 전략을 모으고 여러 군대를 규합하여, 용맹한 장수가 구름처럼 날아들고 용감한 군사들이 비처럼 모여들어, 높이 휘날리는 깃발은 초(楚) 지방 요새의 바람을 에워싸고 총총히 들어선 함선은 오강(吳江)의 물결을 막아 끊었다.

도 태위(陶太尉)처럼 적을 처부수는 데 날래고,13_ 양 사공(楊司空)처럼 신(神)이라 불릴 만큼 엄숙하여14_ 멀리 팔방을 돌아보고 거침없이 만 리를 가로지를 수 있으니, 너를 해치우는 일 따위야 큰 불을 놓아 기러기 털을 불사르고 태산을 높이 들어 새 알을 짓누르는 것과 무엇이 다르랴? 이제 가을이 되어 바야흐로 물의 신15_이 우리의 군대를 반기는 이때에, 가을바람은 초목을 말라 죽게 하는 위엄을 도와주고 새벽이슬은 혼탁한 기운을 씻어주니 파도는 이미 잠잠하고 길은 곧장 통한다. 석두(石頭)에 닻줄을 놓으니 손권(孫權)이 우리의 후군이 되고,16_ 현산(峴山)에 돛을 내리니 두예(杜預)가 선봉이 되었다.17_ 이제 수도를 다시 찾는 일은 늦어야 한 달이면 되겠지만 살리기를 좋아하고 죽이기를 꺼리는 건 하늘의 깊은 인자함이요, 법을 뒤로하고 은혜를 펴는 건 국가의 훌륭한 제도이다.

공공의 적을 토벌하는 일에 사적인 원한을 품어서는 안 되

14_ 양 사공(楊司空)처럼 신(神)이라 불릴 만큼 엄숙하여: '양 사공'은 수(隋)나라 때 반란자들을 평정한 이름난 장수이다. 진(陳)나라를 평정하기 위해 배를 타고 출정할 때 그 모습이 대단히 엄숙하여 지켜본 사람들이 강의 신 같다고 말했다고 한다.
15_ 물의 신: 겨울을 가리킨다.
16_ 석두(石頭)에 닻줄을~후군이 되고: 손권은 오(吳)나라 왕으로, 석두에 도읍을 정하고 성벽을 쌓았다.
17_ 현산에 돛을~선봉이 되었다: 두예(杜預)는 진(晉)나라 장수로, 십만 대군을 이끌고 현산에서 오(吳)나라를 정벌하였다.

고, 길을 헤매는 이를 깨우치려면 정녕 바른말이라야 한다. 그러므로 내 이 한 장 격문을 날려 너의 위급함을 해결해 주려는 바이니, 너는 고집을 부리지 말고 일찍 기회를 보아 좋은 자구책을 마련하고 지난 잘못을 고치도록 하라. 만약 땅을 떼어 받아 제후국을 열어 몸과 머리가 동강 나는 화를 피하고 공명을 세우고자 한다면 네 무리를 믿지 말아야 네 후손에게 영화를 전할 수 있을 것이다. 이 제안은 아녀자가 알 바가 아니오, 진정한 대장부의 일이니 속히 답을 주기 바라며 의심할 필요는 전혀 없다.

    나는 천자에게서 명령을 받았으며 맑은 물에 신의를 맹세하였다. 말이 떨어지면 반드시 메아리처럼 응할 것인바 은혜가 많으니 원망을 깊이 할 건 없다. 만일 미쳐서 날뛰는 너희 무리가 잠에 취해 깨어나지 못하고 수레바퀴에 항거하듯이 고집만 부리다가는 곰을 치고 표범을 잡는 우리 군대가 한 번 휘둘러 박멸함으로써 오합지졸 같은 너희 무리는 사방으로 흩어져 버릴 것이요, 네 몸뚱이는 도끼날에 잘려 나갈 것이고 네 뼈는 수레 밑에 깔린 가루가 될 것이요, 처자들은 잡혀 죽고 친척들은 베어 죽을 것이다.

    동탁(董卓)처럼 배를 불태울 때가 되어 후회한다면 때는 이미 늦은 것이니[18] 너는 모름지기 진퇴를 잘 생각하고 선악을 잘 분별하라. 국가를 배반하여 멸망하기보다는 귀순하여 부귀영화

---

[18] 동탁(董卓)처럼 배를~늦은 것이니: 동탁은 한나라 때 반란을 일으킨 인물로 결국 죽임을 당하였는데, 몹시 살쪄서 그 배꼽에 붙인 불이 3일간 꺼지지 않았다고 한다.

를 누리는 게 낫지 않겠는가? 다만 네가 바라는 바는 반드시 이루게 될 것이니 대장부가 할 바를 힘써 찾아 얼른 생각을 바꾸고 졸장부의 염려는 갖지 말기 바란다.

    아무개가 고한다.

당나라 희종 때 반란을 일으킨 황소에게 보낸 격문이다. 이 격문을 받은 황소가, "천하의 모든 사람이 너를 죽이고 싶어 할 뿐만 아니라 땅의 귀신들도 너를 죽이고자 의논하였을 터이다"라는 대목에 이르러 혼비백산하여 자기도 모르게 침상에서 떨어졌다는 유명한 일화가 전한다. 힘찬 필치와 설득력 있는 논거로 도저하게 주장을 전개함으로써 상대를 꾸짖는 동시에 회유하는 솜씨가 대단하다.

허경에게 보낸 편지

　허경(許勍)에게 알린다. 편지를 받고 아내 유씨(劉氏)가 전쟁터에 따라가 일하기를 원한다는 걸 알았으니 이를 가상히 여기는 마음 말로 다할 수 없다.
　내가 매양 후위(後魏)의 책을 읽어보건대 양대안(楊大眼)이라는 이는 무예가 출중하여 전공이 높았는데 그의 아내 반씨(潘氏)도 말타기와 활쏘기를 자못 잘하여 전쟁을 하거나 사냥을 할 때 반씨 또한 군복을 입고는 말고삐를 나란히 한 채 돌진하였다 한다. 먼 곳에 가 진(陣)을 칠 때에도 군막에 함께 앉아 동료들을 대하여 웃고 말하는 것이 태연자약하였다고 한다. 그때 양대안은 다른 사람들에게 손으로 가리키며, "이 사람이 반 장군입니다"라고 말했다지.
　내가 그런 사람을 보고자 한 지가 이미 오래되었는데 뜻밖에도 오늘 밤에 묘한 재주를 얻었으니 이 또한 '유 장군'(劉將軍)이라 부를 만하다. 생각건대 전장에서 북이 울릴 때 금슬(琴瑟)이 서로 따르고, 이미 마음이 하나니 온 힘을 다할 줄 알겠다.
　교전할 때에는 반드시 손무(孫武)[1]를 무색하게 할 것이요, 포위를 풀 때에는 틀림없이 진평(陳平)[2]처럼 할 터이니 힘써 빼

1_ 손무(孫武): 『손자』(孫子)라는 병서를 저술한 제(齊)나라의 전략가.
2_ 진평(陳平): 한(漢)나라의 통일에 공을 세운 정치가.

어난 공을 세워 큰 상을 받기 바란다. 이만 줄인다.

최치원이 상관인 고변을 대신해 지은 글로 위곡(委曲)이라는 장르에 해당한다. '위곡'이란 당나라 때 고관(高官)이 아랫사람에게 내린 답신으로 공문서의 성격을 갖는 글이다. 훗날 허경의 아내 유씨는 정말로 빼어난 공을 세워 여성으로서 팽성군군(彭城郡君)에 봉해지는 큰 상을 받았다.

보내 주신 새 차에 감사드리는 글

아무개가 아룁니다. 오늘 중군사(中軍使)[1] 유공초(俞公楚)가 분부를 받들어 차를 보내왔습니다.

생각건대 보내 주신 차는 촉강(蜀岡)[2]에서 잘 자라, 수원(隋苑)[3]에서 향기를 날리다가, 비로소 좋은 잎을 골라 따는 정성이 더해져 바야흐로 맑고 담박한 맛을 내게 되었으니, 파르스름한 찻잎을 차솥에 끓여 향기로운 찻물을 다완(茶碗)에 따름이 마땅할 것입니다. 고요한 선승(禪僧)이나 유유자적한 우객(羽客)[4]에게나 어울릴 것이거늘 뜻밖에도 이 귀한 선물이 외람되이 평범한 선비에게 미치니, 매림(梅林)[5]을 말하지 않아도 갈증이 풀리고, 원추리[6]가 없더라도 근심을 잊게 됩니다. 그 은혜에 어찌할 줄 모르겠사오며, 황송스럽고 감격함을 이루 말할 수 없습니다. 삼가 감사드리며 편지 올립니다.

1_ 중군사(中軍使): 무직(武職)에 해당하는 벼슬로, 당시 군대에서 물자 및 우편 전달 업무를 주로 담당하였다.
2_ 촉강(蜀岡): 지금의 강소성(江蘇省) 양주시(揚州市) 북서쪽의 땅이름. 일명 '崑岡'. 당시 차의 산지로 유명했던 듯하다.
3_ 수원(隋苑): 수양제(隋煬帝)가 건립한 정원. 일명 상림원(上林苑)이라고도 한다. 지금의 강소성(江蘇省) 강도현(江都縣) 서북쪽에 그 터가 남아 있다.
4_ 우객(羽客): 신선술을 닦는 도사.

5_ 매림(梅林): 조조(曹操)의 군대가 패전하여 달아날 때, 그 군사들이 목이 말라 견디지 못하였는데 조조가 "이 산을 넘으면 매림(梅林)이 있다"고 말하자 군사들이 매실을 생각하며 절로 입에 침이 고여 목마름을 이겨 낼 수 있었다고 한다.
6_ 원추리: 먹으면 취한 듯한 기분이 들며 모든 근심을 잊게 된다고 하여 '망우초'(忘憂草)라고 불리는 풀이다.

맑고 담박하면서도 향기로운 맛의 차를 절로 상상하게 만드는 글이다. 차를 정성껏 만드는 이의 노력과, 귀하게 보내는 이의 배려와, 공손히 받는 이의 감사가 짧은 글 안에 따뜻하게 어우러져 있다.

한식날 전사한 장병을 애도하며

아! 삶에 끝이 있음은 고금에 슬퍼하는 바요, 이름이 썩지 않음은 충의(忠義)의 으뜸이다. 그대들은 활을 당겨 몸을 수고롭게 하고 수레를 타고 힘을 다했으며, 씩씩한 대열에서 기백을 떨치다 적진 앞에서 죽음을 맞이하였지. 용맹을 전쟁터에서 드러냈으니 의미 없이 침상에 누워 죽는 부끄러움을 면하였도다. 지금 들의 풀은 초록빛이고 숲의 꾀꼬리는 지저귀며 강물은 아득히 흘러가는데 부질없이 품은 한은 끝이 없다. 한 무더기 거친 무덤에 혼이 있는 줄을 누가 알까? 나는 생각하네 그대들의 옛 공로를. 나는 슬퍼하네 그대들 없이 맞이하는 이 좋은 시절을. 박한 술이나마 베풀어 영령을 위로하노니, 죽어서도 두회(杜回)와 대적토록 하고,**1** 죽는 것으로 끝낸 온서(溫序)**2**를 본받지 말라. 능히 장대한 뜻을 이루리니 이를 음공(陰功)이라고 한다.**3**

---

1 죽어서도 두회(杜回)와 대적토록 하고: 춘추시대 진(晉)나라 사람 위과(魏顆)는 아버지의 유언을 어기고 그 첩을 개가시켰다. 훗날 위과가 진(秦)나라 역사(力士) 두회와 싸울 때 그 첩의 죽은 아버지가 귀신이 되어 풀을 묶어 두회를 잡도록 도왔는데 여기서 '결초보은'(結草報恩)이라는 고사가 생겼다. 그러므로 이 대목은 죽은 뒤에도 임금의 은혜에 보답하라는 뜻이다.
2 온서(溫序): 후한(後漢) 때 교위(校尉) 벼슬을 한 인물로 구우(苟宇)에게 붙잡히자 자살했다.
3 능히 장대한~음공(陰功)이라고 한다: 전사한 장병들의 넋이 죽어서도 아군(我軍)을 돕는 공을 세우리라는 말이다.

짤막한 제문(祭文)이지만 먼저 죽은 이들을 위로하고자 하는 마음이 잘 표현되어 있다. 특히 "나는 슬퍼하네 그대들 없이 맞이하는 이 좋은 시절을"이라는 대목은, 죽은 이들에 대한 깊은 슬픔을 잘 표현하고 있다.

난랑비(鸞郎碑) 서문

우리나라에 현묘한 도가 있으니 이를 '풍류'(風流)라 한다. 이 도의 근원은 『선사』(仙史)라는 책에 잘 설명되어 있는바, 실로 유교·도교·불교의 3교를 포함하고 있어 뭇 중생을 올바르게 감화시킨다. 집에서 부모에게 효도하고 밖에서 나라에 충성하는 것은 노(魯)나라 공자의 뜻과 같고, 무위(無爲)에 머물며 말없는 가르침을 행하는 것은 주(周)나라 노자의 요체와 같으며, 모든 악행을 멀리하고 모든 선행을 받들어 행함은 천축국(天竺國) 석가의 교화와 같다.

이 글은 김부식의 『삼국사기』 신라본기 진흥왕 37년(576) 조에 실려 전하는 「난랑비서문」의 일부이다. 짧은 대목만이 전해 나머지 내용에 대한 궁금증을 유발시킨다. 유교·도교·불교의 3교를 아우른 신라 고유의 풍류 사상, 곧 화랑 사상의 요체를 논하고 있어 주목되는 글이다.

가야산 해인사 선안주원(善安住院)의 벽에 쓴 기

『예기』(禮記)「왕제」(王制) 편에 "동방을 '이'(夷)라 한다"고 하였다. 또 범엽(范曄)은 "'이'(夷)는 '닿는다'는 뜻이다"라고 하였다. 그러니 '이'란 어질고 살리기를 좋아한다는 의미이며, 만물은 땅에 닿아 나오는바 천성이 유순하여 도(道)로 어리석은 이를 인도하기가 쉽다는 의미이다. 이것은 '이'를 '평이'(平易)라는 뜻으로 해석하여 교화(敎化)하는 방법을 말한 것이다.

또 『이아』(爾雅)에 "동쪽 해 뜨는 곳에 이르면 넓은 평야인데 그곳 사람들은 어질다"라고 하였고, 『서경』(書經)에서는 "희중(羲仲)[1]에게 명령을 내려 우이(嵎夷)에 터를 잡게 하였으니 '해 돋는 골짜기'[2]라는 곳이다. 농사짓는 일을 차례 있게 하라"라고 하였다.

그러므로 우리 대왕의 나라는 해가 떠오르고 달이 성대하며 물이 순하고 바람이 온화하다. 비단 동물들만이 겨울잠에서 깨어나 소생하는 것이 아니라 식물 역시 싹이 터서 무성해지니 만물의 생성과 변화가 모두 동쪽을 그 터전으로 삼는 것이다. 게다가 『시경』(詩經)에서는 "서쪽에서 동쪽을 돌아보았네"[3]라고 노

1_ 희중(羲仲): 요임금 때 해를 관장하는 벼슬을 맡았던 사람.
2_ 해 돋는 골짜기: 원문은 '暘谷'(양곡)이다.
3_ 서쪽에서 동쪽을 돌아보았네: 『시경』 대아 「황의」(皇矣) 편에 나오는 말이다.

래했고, 달마는 동쪽으로 왔다고 한바, 마땅히 동방의 족속들은 힘써 불법에 귀의해야 할 것이니 이는 땅이 그렇게 만든 것이요 하늘이 내려 준 바이다. (…후략…)

'동이'(東夷)라는 말에는, 중화적(中華的) 관점에서 한민족을 '동쪽 오랑캐' 정도로 낮춰 보는 시선이 짙게 배어 있다. 이에 대해 최치원은 『예기』, 『이아』, 『서경』 등 중국의 문헌을 근거로 '동이'라는 말을 새롭게 해석하고자 하는 시도를 보여 준다. 신라에 대한 최치원의 강한 자부심이 주목되는 이 글은 그의 나이 44세(900) 때 창작되었다.

신라의 윗자리에 있게 해 달라는 발해의 청을 황제께서 허락하지 않으신 데 감사하는 글

신 아무개[1]가 아룁니다.

신이 이번 숙위원(宿衛院)[2]의 보고서를 보니, 지난 건녕(乾寧)[3] 4년(897) 7월에 하정사(賀正使)[4]인 발해의 왕자(王子) 대봉예(大封裔)가 글을 올려, 발해가 신라의 윗자리에 있도록 허락해 달라는 청을 넣었는데 그에 대한 천자의 답서가 이러하다고 했습니다.

나라 이름을 앞에 두거나 뒤에 두는 일은 국력의 강약에 따른 일이 아니다. 알현하는 등급을 어찌 국력의 성쇠에 따라 고치겠는가. 마땅히 옛 법도대로 할 것이니 이에 알리노라.

(…중략…) 천자께서 저희 마음을 알아주시니 몸 둘 바를 모르겠습니다. 황공하고 두려운 마음으로 머리를 조아립니다.

신이 듣건대, 『예기』(禮記)에서 그 근본을 잊지 않는 일을 귀하게 여김은 바로 허황됨을 경계하기 때문이고, 『서경』(書經)

---

[1] 신 아무개: 신라 임금이 당나라 황제에게 자신을 낮추어 한 말.
[2] 숙위원(宿衛院): 당나라에 두었던 신라의 관서로 빈공과에 급제한 신라인들과 관계된 업무를 보았다.
[3] 건녕(乾寧): 당나라 소종(昭宗)의 연호.
[4] 하정사(賀正使): 새해를 축하하기 위해 중국에 보내는 사신을 말한다.

에서 그 법도를 삼갈 것을 일컬음은 오직 분수에 넘는 일을 막기 위함이라 하니, 진실로 그 분수를 좇지 않으면 끝내 뉘우침을 자초하는 것입니다.

　신이 삼가 살피건대 발해의 원류는 고구려가 망하기 전엔 본디 혹같이 붙어 있던 작은 부락의 말갈 족속이었습니다. 이들이 번성하여 무리를 이루자 속말소번(粟末小蕃)이라 이름 붙였습니다. 일찍이 고구려를 좇아 안으로 옮겨 왔는데 그 수령 걸사우(乞四羽)와 대조영(大祚榮) 등이 측천무후(則天武后) 때에 영주(營州)에서 죄를 짓고 도망가서는 황구(荒丘)를 점거하여 비로소 진국(振國)이라 불리게 되었습니다. 그때 고구려의 유민인 물길(勿吉)의 잡된 무리인 효음(梟音)은 백산(白山)5_에 무리를 모으고, 치의(鴟義)는 흑수(黑水)6_에서 세력을 확대했으니 처음에는 거란과 더불어 못된 짓을 하다가 이어 돌궐과 공모하여 만리 벌판에 곡식을 경작하면서 여러 차례 요수(遼水)를 건너는 당나라 군대에 맞서다가 10년간 은혜를 입자 뒤늦게 항복하는 기(旗)를 들었습니다.

　그들이 애초 도읍을 세워 교류를 청하기에 그 추장인 대조영에게 비로소 신번(臣藩)7_ 제5품 벼슬인 대아찬(大阿餐)을 주었는데 그후 선천(先天)8_ 2년(714)에는 마침내 당나라의 총명(寵命)을 받아 발해군왕(渤海郡王)으로 봉해졌습니다.

5_ 백산(白山): 장백산, 즉 백두산을 말한다.
6_ 흑수(黑水): 흑룡강.
7_ 신번(臣藩): 번국(藩國)을 이른다.
8_ 선천(先天): 당나라 현종(玄宗)의 연호.

근래 그들이 차츰 황제 폐하의 은혜를 입으면서 갑자기 다른 번국(藩國)과 맞먹으려 한다는 소식이 들리니, 주발(周勃)과 관영(灌嬰)이 동렬(同列)에 선다는 것9_은 차마 입에 담지 못할 말입니다. 물론 염파(廉頗)와 인상여(藺相如)가 화목하게 지낸 일10_은 전날의 모범이 되지만 저 발해는 원래 모래자갈과 같이 하찮은 존재로 본국11_과 현격한 차이가 있거늘 삼가 본분을 지킬 줄 모르고 오로지 윗자리를 범하기만을 도모하며, 소의 꼬리가 되기를 부끄럽게 여겨 앙큼하게도 용의 머리가 되고자 망령되게 주장을 펴고 있습니다. (…중략…)

뿐만 아니라, 또한 하사받은 명칭이 같지 않으니 엄연히 등급이 있습니다. 신의 나라는 진관(秦官)의 극품(極品)을 받았고, 발해는 주례(周禮)의 하경(夏卿)을 받았을 뿐인데, 근래 선조(先朝)12_에 이르러 갑자기 넉넉히 대해 주시는 은총을 입었습니다. 오랑캐란 만족시키기가 불가능하기에 요(堯)임금과 순(舜)임금께서도 골치를 앓으셨습니다. (……) 만일 황제 폐하께서 영단(英斷)을 내리시어 발해의 요청을 허락 않는 신필(神筆)13_을 내리지 않으셨다면 근화향(槿花鄕)14_의 염치와 예의가 절로 침몰하고 호시국(楛矢國)15_의 독기만 더욱 성할 뻔하였습니다. (……)

신은 바닷가에 있는지라 달려가 알현하지 못하옵나이다.

9_ 주발(周勃)과 관영(灌嬰)이 동렬(同列)에 선다는 것: 한(漢)나라의 주발(周勃)은 무신(武臣) 관영(灌嬰)과 동렬이 되기를 부끄러워했다.
10_ 염파(廉頗)와 인상여(藺相如)가 화목하게 지낸 일: 염파(廉頗)는 조(趙)나라의 장군으로, 노장(老將)이 되었을 당시 젊은 문신(文臣)이었던 인상여(藺相如)와 벗이 되어 화목하게 지냈다.
11_ 본국: 신라를 가리킨다.
12_ 선조(先朝): 당나라 희종(僖宗, 재위 873~887)을 가리키는 것으로 보인다. 당시의 천자는 그 다음 천자인 소종(昭宗, 재위 887~903)이었다.

13_ 신필(神筆): 황제의 비답(批答).
14_ 근화향(槿花鄕): '무궁화 나라'라는 뜻으로 신라를 가리킨다.
15_ 호시국(楛矢國): '활의 나라'라는 뜻으로 원래 고구려를 가리키는 말이나 여기서는 발해를 지칭한다. 최치원이 쓴 이 단어를 통해서도 발해와 고구려의 상관관계를 알 수 있다.

최치원이 신라 효공왕(孝恭王)을 대신해서 쓴 글이다. 발해의 역사가 잘 요약되어 있을 뿐 아니라, 발해와 고구려의 상관관계가 분명히 밝혀져 있어 역사적 가치가 큰 글이다.

예부상서(禮部尙書)께 드리는 편지

옛날에 고구려가 험한 지세를 믿고 교만을 부려 임금을 죽이고 백성을 해치며 하늘을 저버리고 천명을 거역하니 태종(太宗) 황제께서 크게 분노하여 준동하는 뭇 흉악한 자들을 제거하기 위하여 친히 군대를 거느리시고 멀리 만 리를 순행하여 천벌(天罰)을 내리시어 조용히 해우(海隅)[1]를 쓸어 버렸습니다.

그리하여 고구려의 광포한 기세가 사라졌으나 잔당을 규합하고 고을들을 모아 감히 국명(國名)을 붙였으니 옛날의 고구려가 바로 지금의 발해(渤海)입니다.

저희 나라는 정관(貞觀)[2] 때 특별히 후한 은혜를 입어 길이 풍속이 편안하였던바 신라의 자제(子弟)로 하여금 중국의 국자감에 입학할 수 있게 허락하사 마침내 책을 짊어지고 피로를 잊은 채 배를 타고 험한 바다를 건너가 이름을 올리고 부(賦)를 바쳐 마침내 금마문(金馬門)[3]에 나아가 천자의 명을 받아 벼슬하는 영광을 얻게 되었습니다.

그후 발해도 역시 같은 과거에 참여하게 되어 대중(大中)[4] 초엽으로부터 같은 자격으로 춘관(春官)[5]의 시험을 치르도록 하였으니 단지 회유(懷柔)하는 데 힘썼기 때문입니다. 이는 실로

---

1. 해우(海隅): '바다 모퉁이'라는 뜻으로 여기서는 해동의 고구려를 가리킨다.
2. 정관(貞觀): 당나라 태종(太宗, 재위 626~649)의 연호.
3. 금마문(金馬門): 한나라 때의 궁궐 문으로, 학사(學士)가 천자의 명을 받기 위해 대기하던 곳이다.
4. 대중(大中): 당나라 선종(宣宗, 재위 846~859)의 연호.
5. 춘관(春官): 예부(禮部).
6. 빈공과(賓貢科): 당시 동아시아의 제국(帝國)이었던 당나라가 주변 국가를 포섭하기 위해 외국 유학생에게 보인 과거 시험. 최치원은 이 빈공과 급제자였다.

문덕(文德)을 닦아 위무(慰撫)함이요, 옛날의 악행을 생각지 아니함입니다. (……)

하지만 예전에 정공(靖恭) 최시랑(崔侍郎)이 과거 시험을 주관하던 해에 빈공과(賓貢科)6_에 급제한 이가 두 사람이었는데, 그중 발해의 오소도(烏昭度)를 상등(上等)으로 삼은 일은 몹시 부당한 일입니다. (……) 어찌 맑은 물과 탁한 물이 함께 흐르게 할 수 있겠습니까? 천하가 하나가 된 것은 좋은 일이지만, 갓과 신발이 거꾸로 된 건 부끄러운 일입니다.

다행히 안목이 높으신 상서(尙書)께서 영광스럽게 시관(試官)이 되시어 마음으로 꿰뚫어 보사 어긋나는 일이 없을 것인바 진정 마음으로 미루어 기대가 됩니다. (…중략…)

뵙기를 기약하기 어려우매 사모함이 그지없으니 다만 가을바람이 부는 상쾌한 계절을 만나 멀리 풍모를 상상하고, 매양 달 아래서 새벽빛을 읊조리며 속절없이 꿈속에서 그리워할 뿐입니다.

애오라지 편지로써 만나 뵙는 걸 대신하옵니다. 자세히 말씀드리지 못함이 한스럽습니다.

'옛날의 고구려가 바로 지금의 발해'라는 언급이 주목된다. 한편 이 글에서 보듯 최치원이 고구려와 발해를 민족사적 관점에서 인식하지 않았다 하여, 혹 그의 한계를 비판하는 주장이 있다. 그러나 이는 신라인이었던 최치원의 처지를 충분히 고려하지 않은 채 오늘날의 입장만을 내세운 다소 무리한 주장이 아닌가 한다.

태사시중(太師侍中)께 올리는 글

엎드려 아룁니다. 동해 밖에 세 나라가 있으니 그 이름은 마한(馬韓), 변한(卞韓), 진한(辰韓)이온데 마한은 곧 고구려이고, 변한은 곧 백제며, 진한은 곧 신라입니다.

고구려와 백제의 전성시대에는 강한 군사가 백만이나 되어 남쪽으로는 오(吳)와 월(越)[1]을 침범하였고, 북쪽으로는 유주(幽州)와 연(燕)[2]과 제(齊)와 노(魯)[3]를 어지럽혔으니, 중국의 큰 걱정거리가 되었던바 수양제(隋煬帝)가 나라를 잃었던 일은 기실 요동 정벌 때문이었습니다.

정관(貞觀)[4] 연간에 우리 태종 황제께서 친히 군사를 거느리시고 바다를 건너 천벌을 행하시자 고구려가 위엄을 두려워하여 강화(講和)를 청하자 태종께서 항복을 받고 발길을 돌리셨습니다. 우리 무열대왕(武烈大王)[5]이 보잘것없는 성의로써 이 지역의 난을 평정하는 것을 돕겠다고 당나라에 들어가 알현한 일이 이때부터 시작되었습니다.

그 뒤 고구려와 백제가 전과 다름없이 악행을 저지르므로 무열왕이 길잡이가 되기를 청하였던바 고종 황제 현경(顯慶)[6] 5년(660)에 소정방(蘇定方)에게 명을 내리시어 여러 지방의 강한

---

[1] 오(吳)와 월(越): '오(吳)'는 지금의 강소성(江蘇省) 소주(蘇州) 일대이고, '월(越)'은 절강성(浙江省) 항주(杭州) 일대.
[2] 유주(幽州)와 연(燕): 지금의 중국 하북성(河北省) 일대.
[3] 제(齊)와 노(魯): 지금의 중국 산동성(山東省) 일대.
[4] 정관(貞觀): 당나라 태종(太宗)의 연호.
[5] 무열대왕(武烈大王): 654~661년에 재위한 신라의 제29대 왕.
[6] 현경(顯慶): 당나라 고종(高宗)의 두 번째 연호.

군사와 배 일만 척을 거느리고 백제를 대파하여 그 땅에 부여도독부(扶餘都督府)를 세우고 유민을 불러 모아 현지 관리로 임명하였는데 여러 번 이반했다는 소식이 들려 끝내 그곳 사람들을 하남(河南)[7]으로 옮겼습니다. 그 뒤 총장(摠章)[8] 원년(668)에 영공(英公)이 이적(李勣)에게 명하여 고구려를 깨뜨리게 하고 안동도독부(安東都督府)를 두었는데 의봉(儀鳳)[9] 3년(678)에 그곳 사람들도 하남의 농우(隴右)로 옮겼습니다.

그 뒤 고구려의 남은 무리들이 모여 북쪽 태백산(太白山)[10] 아래에 터를 잡고 나라 이름을 발해라고 하였습니다. 그리하여 개원(開元)[11] 20년(732)에 중국에 원한을 품어 군사를 이끌고 등주(登州)[12]를 습격하여 자사(刺史) 위준(韋俊)을 죽였습니다. 이에 현종 황제께서 크게 노하여 내사(內史) 고품(高品)과 하행성(何行成), 태복경(太僕卿), 김사란(金思蘭)에게 명하여 군사를 거느려 바다를 건너 정벌케 했습니다. 그리고 저희 나라 임금 김 아무개[13]를 정태위 지절충녕해군사 계림주대도독(正太尉持節充寧海軍事雞林州大都督)으로 삼으셨는데, 엄동에 눈이 많이 쌓여 당(唐)과 신라의 군사들이 추위에 어려움을 겪자 황제께서는 회군(回軍)을 명령하셨습니다. 3백여 년이 흐른 지금, 이 지역에 아무 일이 없고 동방이 편안한 것은 우리 무열대왕의 공이라 하겠습니다.

---

[7] 하남(河南): 지금의 중국 하남성(河南省) 일대.
[8] 총장(摠章): 당나라 고종(高宗)의 여섯 번째 연호.
[9] 의봉(儀鳳): 당나라 고종(高宗)의 아홉 번째 연호.
[10] 태백산(太白山): 지금의 백두산.
[11] 개원(開元): 당나라 현종(玄宗)의 연호.
[12] 등주(登州): 지금의 중국 산동성(山東省)의 고을.
[13] 김 아무개: 신라의 제33대 왕인 성덕왕(聖德王) 김융기(金隆基)를 말한다.

지금 저는 유문(儒門)의 말학(末學)이요 바다 밖의 범재(凡材)로서, 외람되이 표장(表章)[14]을 받들어 낙토(樂土: 낙원이라는 뜻으로 신라를 가리킴)에 와서 조회(朝會)를 들게 되었습니다. (…중략…)

제 본분을 헤아리지 못하고 위엄을 범한 듯싶사오나 은혜와 연모의 마음을 견디지 못하겠나이다. 황송스러울 뿐입니다.

---

[14] 표장(表章): 외교문서를 뜻하는데, 여기서는 최치원이 중국에서 귀국할 때 갖고 온 당나라 천자의 조서(詔書)를 말한다.

삼국(고구려, 백제, 신라)의 원류 및 고구려와 백제의 전성시대 활동 영역, 그리고 신라의 통일 과정 및 발해의 건국 과정 등 한국 고대사의 주요 장면들이 흥미롭게 서술된 글이다. 아울러 최치원으로 대표되는 당대 신라 지식인의 역사 인식을 살피는 차원에서도 의미 있는 글이다. 특히 최치원이 신라를 '낙토'(樂土), 즉 낙원으로 부른 점이 주목된다.

신라의 위대한 고승

진감 선사(眞鑑禪師) 이야기

도(道)는 사람에게서 멀리 있지 않다

도(道)는 사람에게서 멀리 있지 않고, 도를 찾는 사람에게는 국경이 없다. 이 때문에 우리나라 사람들이 불법(佛法)이나 유학(儒學)을 배우러 외국에 가는 것이다. 서쪽으로 큰 바다를 건너 수차례 통역을 거쳐 공부하러 갈 때, 제 목숨을 위태로이 작은 배에 붙이고도 마음은 중국에 가 있다. 빈 채로 떠나 돌아올 때는 채워서 오고자 하고, 어려운 일을 먼저 한 뒤에 수확을 얻으려 하니, 옥(玉)을 캐는 사람이 곤륜산(崑崙山)이 험준하다고 해서 꺼리지 않고, 진주를 찾는 사람이 흑룡(黑龍)이 사는 바다 속이 깊다고 해서 피하지 않는 것과 같다. 마침내 석가모니처럼 지혜의 햇불을 얻어 그 빛으로 오승(五乘)[1]을 융합하고, 옛 유학자의 좋은 가르침을 배워 육경(六經)[2]의 참맛으로 배부르게 하니, 많은 사람이 다투어 선(善)에 이르고, 나라에 인(仁)이 가득케 한다.

그런데 공부하는 이들 가운데에는 간혹 이렇게 말하는 사람도 있다.

---

[1] 오승(五乘): 해탈의 경지에 이르는 다섯 가지 교법(敎法)인, 인승(人乘)·천승(天乘)·성문승(聲聞乘)·연각승(緣覺乘)·보살승(菩薩乘)을 말한다.

[2] 육경(六經): 『시경』(詩經)·『서경』(書經)·『예기』(禮記)·『악기』(樂記)·『역경』(易經)·『춘추』(春秋)의 여섯 가지 경전을 말한다.

석가모니와 공자의 가르침은 그 흐름이 나뉘고 체재도 다르니, 둥근 구멍에 네모난 자루를 박는 것처럼 상호 모순된 채 한 귀퉁이만을 지키는 데 얽매여 있다.

이 말이 맞는지 한 번 논증해 보자. 시를 해설할 때 글자 때문에 글귀를 해쳐선 안 되고, 글귀 때문에 그 의미를 해쳐선 안 된다. 『예기』(禮記)에 이르기를, "말이 어찌 한 갈래뿐이겠는가. 제각기 경우에 꼭 맞는 말이 있다"고 하였다. 이런 까닭에 여산(廬山)의 혜원(慧遠)[3]은 다음과 같은 이론을 편 바 있다.

석가모니의 가르침과 주공(周公) 및 공자의 가르침은 그 출발점은 다르지만 귀착점은 하나이다. 지극한 가르침을 배우면서도 이 둘을 함께 받아들이지 못하는 것은 사람들이 두 가지를 동시에 받아들이지 못해서이다.

심약(沈約)[4]이란 이는 "공자는 실마리를 열었고, 석가모니는 궁극을 추구했다"고 말했으니, 그야말로 핵심을 잘 짚은바 그와 더불어 지극한 도를 논할 만하다.

부처가 말한 심법(心法)이란 현묘하고도 현묘하여 뭐라 이름 붙이려 해도 이름 붙일 수 없고, 뭐라 설명하려 해도 설명할

---

[3] 혜원(慧遠): 동진(東晉) 때의 승려.
[4] 심약(沈約): 남조(南朝) 때 양(梁)나라의 문학가.

수 없다. 달을 보았다 한들, 어느새 달을 가리켰던 손가락은 잊어버리게 마련이니, 끝내는 바람을 묶는 것같이 그림자를 붙잡는 것같이 어렵다. 그러나 먼 곳에 이르는 걸음도 가까운 곳에서부터 시작되는 것이니, 비유를 취하는 것이 어찌 해가 되겠는가. 공자가 그 제자에게, "나는 이제 말을 하지 않으련다. 하늘이 무슨 말을 하더냐!"라고 하였던 일은, 유마 거사(維摩居士)가 문수 보살에게 아무 대꾸도 하지 아니했던 것[5]이나 석가모니가 가섭(迦葉)에게 은밀히 뜻을 전했던 것[6]과 같이 수고롭게 혀를 놀리지 않고도 마음을 전하는 데 들어맞는 일이다. 하늘은 말을 하지 않는다고 했거늘 이 말을 버리고 무얼 좇을 것인가.

멀리서 이같이 현묘한 도를 전해 와 우리나라를 빛낸 이가 어찌 다른 누구랴? 바로 진감 선사이시다.

---

[5] 유마 거사(維摩居士)가~대꾸도 하지 아니했던 것: 대승 경전인 『유마경』(維摩經)에 나오는 다음의 말을 이른다: "문수보살이 유마 거사에게 물었다. '부처님의 불이법문(不二法門: 둘이 아닌 법문, 즉 절대적 진리)은 어떤 겁니까?' 유마 거사는 잠자코 아무 말도 하지 않았다." 『유마경』의 이 구절은, 진여(眞如) 즉 진리란 말로 표현될 수 없는 깨달음이란 메시지를 전달하고 있다. 그래서 이 구절은 선(禪)의 중요한 근거로 자주 인용된다.
[6] 석가모니가 가섭(迦葉)에게~전했던 것: 이심전심(以心傳心). 즉, 말이나 글이 아닌 마음으로 오묘한 진리를 전한다는 뜻이다.

최치원 문장의 정수라 할 만한 『사산비명』(四山碑銘)은 신라의 위대한 고승(高僧)의 행적을 기린 3편과 신라 왕가(王家)의 능원(陵園)과 사찰을 기린 1편, 모두 4편의 비명을 통칭하는 말이다. 이 비명들은 우리나라 금석학(金石學)의 귀중한 보물이다. 이 글은 887년에 완성된 「지리산 쌍계사 진감 선사 대공탑비명」(智異山 雙磎寺 眞鑑禪師 大空塔碑銘) 서문의 일부로, 진감 선사 혜소(慧昭, 774~850)의 행적을 구체적으로 소개하기에 앞서 의론을 펼치고 있다. 궁극의 '도'란 하나이지만 그것을 찾아가는 '길'의 다양성으로 인해 제기되는 심오한 문제에 대한 최치원의 생각이 잘 드러나 있다.

까만 스님, 동방의 성인(聖人)

선사의 법명(法名)은 혜소(慧昭)이고, 속세의 성은 최씨(崔氏)이다. 그의 선조는 한족(漢族)으로, 산동 지방에서 벼슬을 지냈다. 수(隋)나라 군대가 요동을 정벌할 때 많은 사람이 예맥(濊貊)[1]에서 죽게 되자, 그중 뜻을 굽히고 귀화한 이가 있었는데, 당(唐)나라 때 사군(四郡)이 통일되어 지금의 전주(全州) 금마인(金馬人)이 되었다.

아버지의 이름은 창원(昌元)으로, 집에서 지내면서도 출가한 이의 행실을 보였다. 어머니 고씨(顧氏)가 일찍이 낮에 잠깐 잠이 들었는데 꿈에 한 인도 승려가 나타나 이렇게 말했다.

"저는 당신의 아들이 되기를 원합니다."

그리고는 유리 단지를 맡겼는데 얼마 지나지 않아 선사를 임신하였다.

태어나면서 울지 않았으니, 곧 일찍부터 말이 없는 빼어난 싹을 타고났던 것이다. 예닐곱 살이 되자 아이들과 놀 때에 반드시 나뭇잎을 태우며 향이라 하고, 꽃을 따서 공양이라 하였으며, 혹 서쪽을 향해 무릎을 꿇고 앉아서는 해가 기울도록 자세를 고치지 않기도 하였다. 이로 보건대 선한 근본이란 백천겁(百千劫)[2] 전에 심어진 것임을 알 수 있으니, 발돋움을 한다고 해서

1_ 예맥(濊貊): 고구려를 가리킨다.
2_ 백천겁(百千劫): 무한한 시간을 뜻하는 말이다.

닿을 수 있는 바가 아니다.

　머리를 땋은 아이 때부터 관을 쓴 성년의 나이에 이르기까지 부모의 은혜에 보답하고자 하는 뜻이 간절하여 잠시도 잊지 않았다. 그러나 집에는 한 말의 곡식도 없고 또 한 뙈기의 땅도 없었기에 농사지을 방법이 없었다. 부모 봉양을 힘써 했으니, 생선 파는 일을 해 부모를 봉양하였다. 손으로 그물을 엮는 데 애쓰지 않아도 마음으로 이미 물고기 잡는 일을 깨달아서 봉양하는 물자를 넉넉하게 하였으니 효성을 노래한 옛 노래에 들어맞았다.

　부모님이 돌아가시자 흙을 져다가 직접 무덤을 만들고는 이렇게 말했다.

　"길러 주신 은혜에 장차 힘써 보답함이 마땅하지만, 오묘한 진리를 어찌 마음으로 구하지 않으랴? 내 어찌 조롱박처럼 한창 나이에 여기에 머물러 있겠는가?"

　그리고는 정원(貞元)3_ 20년(804)에 당나라에 들어가는 세공사(歲貢使)4_에게 나아가 뱃사공이 되기를 자원하여 사신 일행을 따라 서쪽으로 건너가게 되었는데, 비루한 일도 능숙히 해냈으며 험한 일도 평탄히 여겼다. 자비로운 항로(航路)에 노를 저어서 고해(苦海)를 건넜다. 피안(彼岸: 당나라)에 도착하자 함께 떠났던 사신에게 이렇게 말했다.

　"사람마다 각기 뜻한 바가 있는 법이니, 여기서 작별을 고할

3_ 정원(貞元): 당나라 덕종(德宗)의 연호.
4_ 세공사(歲貢使): 당나라에 공물(貢物)을 바치는 일을 맡은 사신.

까 합니다."

이윽고 길을 떠나 창주(滄洲)에 이르러 신감 대사(神鑑大師)를 뵈었다. 오체투지(五體投地)로 절을 했는데, 미처 반도 마치기 전에 대사가 기뻐하며 말했다.

"이별한 지 오래지 않았는데 반갑게도 다시 만났구려."[5]

바로 머리를 깎고 승복(僧服)을 입고는 머리를 조아려 인계(印契)[6]를 받았으니, 마치 불길이 마른 쑥에 붙고 물살이 낮은 언덕으로 흐르는 듯하였다. 승도들은 이렇게들 말하였다.

"동방(東方)의 성인(聖人)을 에서 다시 뵙는구나!"

선사는 얼굴빛이 까맸다. 그래서 모두들 이름을 부르지 않고 '까만 스님'이라고 했다. 현묘(玄妙)함을 찾고 말없는 데 처하는 행실이 그야말로 칠도인(漆道人)[7]의 후신이었으니 어찌 저 옛날 읍중(邑中)[8]에 살던 까만 얼굴의 자한(子罕)[9]이 백성의 마음을 잘 대변해 준 일에 비할 뿐이겠는가. 붉은 구레나룻의 불타야사(佛陀耶舍)[10]와 푸른 눈의 달마(達磨)[11]와 더불어 영원히 색상(色相)으로 드러내 보일 만하였다. (…중략…)

5_ 이별한 지~다시 만났구려: 전생의 인연이 있다는 뜻이다.
6_ 인계(印契): 스승의 인가(印可)를 뜻한다.
7_ 칠도인(漆道人): 동진(東晉)의 고승 도안 법사(道安法師)의 별명. 얼굴이 까매 이런 별명이 붙었다고 한다.
8_ 읍중(邑中): 고을 이름.
9_ 자한(子罕): 춘추 시대 송(宋)나라 사람으로 얼굴이 까맸는데, 백성을 위해 당시 재상이었던 황국보(皇國父)에게 직간한 일이 있다.
10_ 불타야사(佛陀耶舍): 계빈국(罽賓國: 북인도 카시미르에 있던 나라 이름) 출신의 고승.

11_ 달마(達磨): 중국 선종의 시조로, 본래 남인도 출신인데 양나라 때 중국으로 건너가 불법을 전했다.

진감 선사가 태어나서 자라고 성장한 과정을 서술한 부분이다. 몇 가지 신이한 사적들 역시 흥미롭지만, 스스로 좁은 세상에 구속되기를 거부한 채 더 높은 진리를 찾아 나선 결단력 있는 삶의 자세야말로 훌륭하게 평가될 만한 것이 아닌가 싶다. 한편, 진감 선사를 '까만 스님'이라는 말로 형용함으로써 그 모습을 친근하고도 이채롭게 그린 점이 재미있다.

지리산에서 중생과 함께 하다

비록 만사가 공(空)임을 보았으나 어찌 그 태어난 곳을 잊을 수 있겠는가? 그리하여 태화(太和)[1]_ 4년(830)에 귀국하니, 선사가 크게 깨친 대승(大乘)의 불법이 우리 신라를 비추었다. 흥덕대왕(興德大王)[2]_께서 편지를 보내 선사를 이렇게 위로하셨다.

지난번에는 도의 선사(道義禪師)가 돌아왔고, 이제 선사가 그 뒤를 이으니 우리나라에 두 분 보살이 계신 셈이오. 옛날에 검은 옷을 입은 두 호걸[3]_의 이야기를 들었거늘, 이제 갈옷을 걸친 두 영재를 보는구려. 하늘 가득 자비로운 위엄에 온 나라가 기뻐하며 의지하니, 과인은 장차 동쪽 계림(鷄林)의 경내를 길상(吉祥)이 가득한 터로 만들겠소.

처음에 상주(尙州)의 노악산(露岳山) 장백사(長栢寺)에 기거하였는데, 이름난 의사에게 병자들이 많이 찾아오듯 선사를 찾는 이들이 구름 같았다. 거처하는 방은 넓었으나 스스로 물정(物情)이 좁다 여겨, 마침내 걸어서 진주의 지리산에 이르렀다. 두어 마리 호랑이가 으르렁대며 앞길을 인도하였는데, 위험한 데는 피하고 평탄한 길로 가게 하니 길잡이와 다름없었다. 따르

1_ 태화(太和): 당나라 선종(宣宗)의 연호.
2_ 흥덕대왕(興德大王): 826~836년에 재위한 신라의 제42대 왕.
3_ 검은 옷을 입은 두 호걸: 중국 남조(南朝)의 제(齊)나라 무제(武帝) 때 법헌(法獻)과 현창(玄暢) 두 스님이 무제를 뵌 적이 있는데, 그때 이들을 '검은 옷을 입은 두 호걸'이라 칭했다. 당시에 승려는 검은 옷을 입었었다.

는 이들도 두려워하지 않고 호랑이를 마치 가축처럼 여겼다. 이는 선아외(善牙畏)와 삼장(三藏)이 영산(靈山)에서 하안거(夏安居)4_를 할 때 맹수가 앞에서 길을 인도하여 산속 동굴로 들어가 석가모니의 입상(立像)을 보았던 사적과 꼭 일치한다. 또 축담유(竺曇猷)5_가 졸고 있는 호랑이의 머리를 때려 불경(佛經)을 읊는 소리를 듣게 한 일 또한 승사(僧史)의 유일한 미담은 아니다. 그리하여 화개곡(花開谷)에 있는, 이전에 삼법 화상(三法和尙)이 세웠던 절의 옛터에 절집을 꾸미니 엄연한 사원(寺院)이 되었다.

개성(開成)6_ 3년(838)에, 민애대왕(愍哀大王)7_께서 갑자기 왕위에 올라 부처의 그윽한 자비에 의탁하고자 글을 내리고 재(齋)를 올릴 비용을 주며 따로 발원(發願)해 줄 것을 청하셨는데, 선사는 이렇게 말했다.

"부지런히 선정(善政)을 닦으시면 될 뿐, 어찌 따로 발원을 청하시는지요?"

사신이 그 말을 전하니 왕께서 부끄러워하며 뉘우치셨다.

(…중략…)

수년을 거처함에 선사에게 배우고자 하는 사람들이 벼나 삼대처럼 줄을 지어 송곳 꽂을 땅조차 없었다.

드디어 기이한 절경을 두루 다니다가 남령(南嶺)의 한 기슭

4_ 하안거(夏安居): 불교에서 여름 장마철의 석 달간 외출하지 않고 한 곳에서 정진하는 것을 이르는 말이다.
5_ 축담유(竺曇猷): 동진(東晉)의 승려.
6_ 개성(開成): 당나라 문종(文宗)의 연호.
7_ 민애대왕(愍哀大王): 838~839년에 재위한 신라의 제44대 왕.

에 터를 잡았는데, 상쾌하여 거처하기에 알맞았다. 선방(禪房)을 지음에 뒤로는 노을 진 산봉우리가 있고, 아래로는 구름 덮인 골짜기가 보였다. 눈을 맑게 해 주는 것은 강 건너의 먼 산이요, 귀를 시원하게 해 주는 것은 돌 틈에 솟는 물줄기였다. 봄날 시냇가에 핀 꽃, 여름 산길에 우거진 소나무, 가을밤 계곡에 뜬 달, 겨울 산마루를 덮은 눈이 사계절 모습을 바꾸고, 만물이 광채를 교환했으며, 온갖 자연의 소리가 화음을 이루고 수많은 바위가 빼어남을 다투었다.

일찍이 당나라를 유학했던 사람조차 이곳에 이르러서는 모두 놀라며 말했다.

"마치 혜원(慧遠)의 동림사(東林寺)를 우리나라에 옮겨 놓은 듯하군! 연화세계(蓮花世界)[8]는 범범한 상상만으로 알기 어렵지만, 항아리 속 별천지[9]란 말은 믿을 만하네!"

대나무를 엮어 물길을 끌어다 계단을 둘러 사방에 흐르게 하고, '옥천'(玉泉)이라는 말로 절 이름을 삼았다. 법통(法統)을 헤아려 본즉, 선사는 혜능(慧能)[10]의 현손 제자(玄孫弟子)였다. 이에 6조의 영당(影堂)[11]을 세우고, 흰색 담에 여러 색으로 그림을 그려 중생을 인도하고 깨우치는 데 널리 이바지하게 하였으니, 『법화경』(法華經)에 '중생을 기쁘게 하기 위해'라는 말이

---

[8] 연화세계(蓮花世界): 불교에서 법신(法身)인 비로자나불(毘盧遮那佛)이 있는 곳. 이 세계는 큰 연꽃으로 되어 있는데, 그 속에 모든 나라와 만물이 간직되어 있다고 한다.
[9] 항아리 속 별천지: 『열선전』(列仙傳)에 나오는 말. 저자에서 약을 파는 어떤 노인이 장사가 끝나면 문득 가지고 있던 항아리 속으로 쏙 들어가는데, 그 속에 별세계가 있었다고 한다.
[10] 혜능(慧能): 달마로부터 시작되는 중국 선종(禪宗)의 제6조(祖).
[11] 6조의 영당(影堂): 지금의 쌍계사. '6조'는 혜능을 이른다.

있는 까닭에 여러 그림을 채색하여 그린 것이다.

멀리 중국에까지 가서 불도(佛道)를 닦은 진감 선사는 마침내 고국에 돌아와 중생을 일깨우는 일에 평생을 바쳤다. 왕을 위해 특별히 발원(發願)해 달라는 청을 거침없이 내치되, 중생을 위해서는 아낌없이 헌신하였던 선사의 고귀한 삶이 그려진 부분이다.

모든 법(法)은 다 공(空)이다

대중(大中)[1] 4년(850) 정월 9일 새벽녘, 선사는 제자들에게 이렇게 말했다.

"모든 법(法)[2]은 다 공(空)이니 나는 장차 떠나리라. '일심'(一心)[3]이야말로 근본이 되니, 너희들은 이를 위해 힘쓸지어다. 탑을 세워 내 몸을 간직하지 말고, 명(銘)을 지어 내 행적을 기록하지 말거라."

말을 마치고 앉은 채로 돌아가시니, 속세의 나이로는 일흔일곱이요, 승려가 된 지 41년 만이었다.

이때 하늘에는 구름 한 점 없었는데 홀연 바람과 우레가 일어나고, 범과 이리가 울부짖었으며, 삼나무와 향나무가 변하여 시들었다. 잠시 후엔 자줏빛 구름이 하늘을 가리더니 공중에서 손가락 튕기는 소리가 났는데, 장례를 치르기 위해 모인 사람들은 누구라 할 것 없이 모두 그 소리를 들었다. 이로 보건대,『양사』(梁史)에서 시중(侍中) 저상(褚翔)이 일찍이 승려에게 청하여 어머니의 병을 위해 복을 빌다가 공중에서 손가락 튕기는 소리를 들었다고 한 것은 성신(聖神)이 감동하고 귀신이 감응한 것이니 어찌 거짓말이라 하겠는가? 도에 뜻을 둔 사람들이 선사의 소식을 전하여 조문하였고, 정을 잊지 못하는 이들은 슬퍼하며 울

---

[1] 대중(大中): 당나라 선종(宣宗)의 연호.
[2] 모든 법(法): 만법(萬法) 혹은 제법(諸法). 불교에서 일체의 현상, 즉 삼라만상을 일컫는 말이다.
[3] 일심(一心): 진여(眞如). 불교에서 궁극적 진리를 일컫는 말.

었다. 하늘과 사람이 애통해 하며 추모함을 분명히 알 수 있었다.

관과 무덤을 미리 갖추게 했던바, 제자 법량(法諒) 등이 울부짖으며 시신을 받들어 하루를 넘기지 않고 동쪽 산봉우리의 무덤에 장사를 치렀으니 유언을 따른 것이다.

선사는 성품이 질박하였고, 말을 할 때에는 기교를 부리지 않았으며, 헌 솜옷이나 삼베옷을 따뜻이 여겨 입었고, 겨나 싸라기를 달다 여기며 먹었다. 밥에는 도토리와 콩을 섞었으며 나물 반찬도 두 가지를 넘지 않았다. 지체 높은 사람이나 출세한 사람이 찾아오더라도 생전 반찬을 달리한 적이 없었다. 제자들이, 그런 분들이 먹기 힘든 음식이라 생각하여 대접하기를 꺼릴 때면 이렇게 말했다.

"마음이 있어 여기에 왔을 테니 거친 밥이 무슨 상관이겠느냐?"

그리고는 높은 사람이나 낮은 사람, 늙은 사람이나 어린 사람 대하기를 늘 한결같이 하였다. (…중략…)

죽음을 앞두고 남긴 진감 선사의 마지막 말은 큰 울림을 준다. 훗날 왕명에 따라 선사의 비명(碑銘)이 씌어진 일은 실상 선사의 본뜻에는 위배된다. 하지만 시속이나 권력, 부(富) 따위에 아랑곳하지 않고, 깨달은 눈으로 모든 사람을 평등하게 바라보며, 오직 도를 실천하고자 했던 선사의 삶이 최치원의 이 글을 통해 오늘날의 우리에게 알려진 일은 퍽 다행스러운 일이다. 진감 선사 대공탑비는 현재 경상남도 하동군 쌍계사 대웅전 앞에 세워져 있다.

추모의 노래

입을 다물고 고요히 명상하며
불타에게 마음을 돌리네.
근본이 보살(菩薩) 같으셨으니
일평생 불법(佛法)만을 넓혀 오셨네.
용감히 호랑이 굴을 더듬고
멀리 험한 파도를 건너셨다네.
당나라에서 불법을 전해 받고
돌아와 신라를 교화하셨네.
깊숙한 곳 찾아가 좋은 경치 골라서
바위 비탈에 절간 지으셨지.
물과 달을 보고 마음을 맑게 하고
구름과 샘물에 흥을 부치셨네.
신요 선기이 범패지김 고으겠ㅍ
골짜기는 범패[1]에 화답했네.
사물에 구애됨이 없으셨으니
욕심 없애신 것에서 그 점이 증명되네.
도(道)로써 다섯 임금 도왔고
위엄으로 뭇 요괴 꺾으셨네.

1_ 범패: 불교에서 법회 때에 석가여래의 공덕을 찬미하는 노래. 혹은 불경을 읽을 때 가락에 따라 읊는 소리.

말없이 자비의 그늘 드리울 뿐
임금의 부름은 분명히 거절하셨네.
바닷물이 절로 물결친다 한들
산이 어찌 동요하리오.
사념이 없고 집착이 없으셔
탑을 세우지도, 명을 새기지도 말라 하셨네.
두 가지가 넘는 반찬 잡수시지 아니하고
옷을 갖춰 입는 일도 없으셨네.
어둑어둑 비바람 치는 속에도
처음과 끝 한결같으셨네.
바야흐로 지혜의 가지 뻗어나다가
법계(法界)의 기둥 별안간 무너졌도다.
깊은 골짜기는 처량하고
덩굴2은 초췌해졌네.
사람은 가도 도는 남으니
끝내 잊을 수 없으리.
상사(上士)3가 소원을 말하매
대왕께서 은혜를 베푸셨네.
가르침의 등불 바다 건너에 널리 전하여
불탑이 산속에 높이 솟았네.

2_ 덩굴: 문하생을 가리킨다.
3_ 상사(上士): 고대의 관직에서 대부(大夫) 아래의 직위.

수천겁(數千劫)의 세월[4] 이 흐른대도
불문(佛門)에 길이 빛나시리.

---

[4] 수천겁(數千劫)의 세월: 무한한 시간을 뜻한다.

낭혜 화상(朗慧和尙) 이야기

내 안에서 부처를 찾다

성대하고 충만한 빛으로 온 세상을 비추기로는 아침 해보다 공평한 게 없고, 부드럽고 온화한 기운으로 만물을 기르기로는 봄바람보다 넓은 게 없다. 봄바람과 아침 해는 모두 동방에서 나왔는데, 하늘이 이 두 가지 복을 주고 산이 신령스러운 한 사람을 내려, 우리 군자국(君子國: 신라)에 태어나게 하사 불가(佛家)에 우뚝 서게 하였으니, 대사(大師)가 바로 그분이시다.

대사는 법명(法名)이 무염(無染)이며 원각 조사(圓覺祖師)의 10대 법손(法孫)이시다. 속세의 성은 김씨(金氏)로 무열대왕(武烈大王)이 8대조가 되신다. 할아버지 주천(周川)은 진골 출신으로 한찬(韓粲)이라는 벼슬을 지냈고, 고조부와 증조부는 모두 장수와 재상을 지낸 것을 집집마다 알고 있다. 부친 범청(範淸) 때에 골품이 한 등급 낮아져 '득난(得難)'[1]이 되었다. 부친은 늘 그막에 조(趙)나라 문왕(文王)처럼 검술을 좋아하였다.

어머니 화씨(華氏)가 꿈에서 수비천(脩臂天)[2]이 준 연꽃을 받았는데 그후 임신하였다. 얼마 지나지 않아 꿈에 거듭해서 서

---

[1] 득난(得難): '얻기 어렵다'는 뜻으로 6두품을 이르는 말. 성골·진골 다음의 계급이다.
[2] 수비천(脩臂天): 머리가 셋이고 팔이 여섯인 천인(天人)으로, 불법(佛法)을 수호한다.

역(西域)의 도인이 나타나 자신을 '법장'(法藏)이라고 칭하면서 열 가지 계(戒)3를 알려 주기에 그에 따라 태교했는데, 열석 달째가 되어서야 아이가 태어났다.

아이는 걷거나 앉을 때에 반드시 두 손을 합장하고 가부좌를 틀었으며, 다른 아이들과 어울려 놀며 벽에 그림을 그리거나 모래놀이를 할 때에도 꼭 불상을 그리거나 불탑을 만들었다. 그렇지만 차마 하루도 부모님 슬하를 떠나지 못하였다. 아홉 살에 비로소 학당(學堂)에서 글공부를 했는데 눈으로 본 걸 죄다 입으로 암송하여 사람들이 '해동(海東)의 신동'이라고 불렀다.

열두 살이 넘자 세속의 여러 학문이 비속하다고 여겨 불도(佛道)에 입문할 뜻을 세웠다. 먼저 어머니께 말씀드렸더니, 어머니는 예전의 꿈을 생각하시고는 눈물을 흘리며 이렇게 대답하셨다.

"그래, 뜻대로 하렴."

이어 아버지를 뵈었더니, 아버지는 외려 늦게 깨달은 걸 한스러이 여기며 흔쾌히 이렇게 말씀하셨다.

"잘 생각했다!"

마침내 설악산의 오색석사(五色石寺)4에서 머리를 깎고 승복(僧服)을 입었다. 경전의 뜻을 해석하는 데 정통했던바 힘써 불법을 강(講)하였다. 이 절에 법성 선사(法性禪師)라는 스님이

3_ 열 가지 계(戒): 불교에서 말하는, 살생하지 마라, 도둑질하지 마라, 음란한 행실을 하지 마라, 거짓말하지 마라는 등의 열 가지 계율.

4_ 오색석사(五色石寺): 지금의 강원도 설악산의 남쪽 기슭인 양양의 오색동(五色洞)에 있던 신라의 사찰. 그 일대에 다섯 빛깔을 지닌 돌이 많아 이런 이름을 붙였다고 한다.

있었는데, 일찍이 중국에 가서 능가선(楞伽禪)[5]의 문을 두드렸던 분이다. 대사는 그분 밑에서 수년간 배우며 하나도 빠뜨리지 않고 끝까지 탐구하는 자세로 공부하였다. 마침내 그 스승은 이렇게 감탄하였다.

"빠른 말로 달리면 뒤에 출발하더라도 먼저 도착한다는 걸 내 자네에게서 경험했네. 나는 이것으로 만족한다네. 더 이상 가르칠 게 없으니 이제 자네는 마땅히 중국으로 가야 할 걸세."

"예, 알겠습니다."

캄캄한 밤에는 새끼줄이 뱀으로 보이고, 허공의 실오라기도 분간하기 어렵다. 물고기는 나무에 올라가서 구할 수 있는 게 아니고, 토끼는 그루터기를 지켜서 잡을 수 있는 게 아니다. 그러므로 스승이 가르쳐 준 앎과 자기 스스로 깨친 앎에는 각기 장단이 있는 것이다. 이미 진주나 불을 얻었다면 조개껍데기나 부싯돌은 버릴 수 있다. 도에 뜻을 둔 사람에게 어찌 일정한 스승이 있겠는가![6]

이윽고 오색석사를 떠나 부석산(浮石山)의 승려 등대덕(燈大德)에게 『화엄경』(華嚴經)을 배웠는데, 하루에 서른 사람이 공부할 분량을 거뜬히 소화해 내니, 그 청출어람(靑出於藍)에 등대덕이 낯빛이 변하며 『장자』(莊子)에 나오는 '물이 얕으면 큰 배를 띄우지 못한다'[7]는 말을 거론하면서 이렇게 말했다.

---

[5]_ 능가선(楞伽禪): 중국 최초의 선종(禪宗). 『능가경』(楞伽經)을 소의(所依) 경전으로 삼는다. 중국 선종의 초조(初祖)인 달마로부터 비롯된다.
[6]_ 캄캄한 밤에는~스승이 있겠는가: 이 대목은 선(禪)의 요체를 잘 설파하고 있다고 보인다. 부처나 조사(祖師)에 구애되지 않고 스스로 일심(一心)을 관(觀)하여 깨치는 것이 바로 선의 종지(宗旨)다.
[7]_ 물이 얕으면~못한다: 『장자』 「소요유」(逍遙遊) 편에 나오는 말.

"동쪽8_만 바라보다가는 서쪽 담장9_은 보지도 못할걸세. 바다 건너 저편 언덕이 멀지 않거늘, 어찌 이 땅만을 생각하느냐?"

결국 대사는 산에서 나와 바다 건너 중국에 들어갈 기회를 찾았다. 때마침 신라의 사신이 황제의 궁궐에 가게 되어, 그 배에 몸을 실어 중국으로 들어가게 되었다. 그런데 바다 한복판에 이르렀을 때 난데없이 풍랑이 거세게 일어 배가 부서지고, 배에 탄 사람들은 어찌할 바 없이 되었다. 대사는 친구 도량(道亮)과 함께 간신히 널빤지 조각에 의지하여 바람에 몸을 내맡겼다. 그렇게 밤낮없이 떠다니기를 반 달 남짓, 검산도(劍山島)10_에 이르렀다. 무릎으로 기어 간신히 바닷가에 닿아 한참 동안 실의에 빠져 있던 대사는 이렇게 말했다.

"다행히 물고기 밥이 되는 일을 면하여, 용의 턱밑에 손이 거의 닿게 되었구나.11_ 내 마음은 구르는 돌 같지 않으니, 여기서 물러나 다른 데 마음을 둘 순 없지!"

장경(長慶)12_ 초에 조정사(朝正使)13_로 당나라에 들어가는 신라 왕자 흔(昕)이 당은포(唐恩浦)14_에 배를 댔다. 대사가 배에 태워 주기를 청하니 왕자가 허락하였다. 지부산(之罘山) 기슭에 도착하여, 예전에 겪었던 일을 생각하며 바다 신에게 손을 모아 절하였다.

"큰 파도에 무사하게 해 주시옵고, 풍마(風魔)와 잘 싸우게

8_ 동쪽: 신라를 가리킨다.
9_ 서쪽 담장: 당나라를 가리킨다.
10_ 검산도(劍山道): 지금의 흑산도(黑山島).
11_ 용의 턱밑에~닿게 되었구나: '용의 턱밑'이란 목표 지점이라는 말인바, 비록 당나라에 도착하지는 못했지만 그 인근에 다다랐다는 뜻이다.
12_ 장경(長慶): 당나라 목종(穆宗, 재위 821~824)의 연호.
13_ 조정사(朝正使): 새해를 축하해 중국에 파견하는 사신.
14_ 당은포(唐恩浦): 지금의 경기도 화성군 남양면에 위치했던 신라의 포구.

해 주소서."

그곳을 출발해 대흥성(大興城) 남산(南山)의 지상사(至相寺)[15]에 이르렀다. 거기서 화엄(華嚴)을 설법하는 이를 만났는데, 신라 부석사에 있을 때와 같았다.

어느 날 얼굴이 새까만 노인이 이런 말을 하였다.

"멀리 밖에서 깨달음을 얻고자 하는 일이 어찌 그대 안의 부처를 깨닫는 일만 하겠는가?"

대사는 즉시 크게 깨달았다.

---

[15]_ 지상사(至相寺): 당나라 때 섬서성(陝西省) 장안(長安)의 종남산(終南山)에 있던 유명한 사찰.

이 글은 「만수산 성주사 낭혜 화상 백월보광탑비명」(萬壽山 聖住寺 朗慧和尙 白月葆光塔碑銘)의 서두이다. 낭혜 화상 무염(無染, 801~888)이 일찍이 어려서 불가(佛家)에 입문할 뜻을 세운 뒤, 부처의 도를 배우고자 갖은 역경을 겪으며 중국에 가는 과정이 흥미진진하게 그려져 있다. 그 험난한 여정 끝에, 그토록 찾아 헤맨 부처가 본디 내 안에 있는 것임을 깨닫게 되는 장면이 참으로 감동적이다.

스스로 낮은 곳에 서다

그때부터 필묵(筆墨)을 버리고 여기저기를 다니다가 불광사(佛光寺)에서 여만(如滿)[1]이라는 스님에게 도를 물었다. 여만은 강서(江西)[2]라는 스님에게서 깨달음을 얻고 백거이(白居易)[3]와 불문(佛門)의 친구였건만, 대사를 대할 때에는 부끄러운 기색으로 이렇게 말했다.

"내 사람을 많이 겪어 보았으나, 그대같이 훌륭한 신라인은 없었소. 훗날 중국이 선(禪)을 잃게 된다면, 그때는 동이(東夷: 신라)에 물어야 되겠구려!"

대사는 그곳을 떠나 마곡사(麻谷寺)의 보철 화상(寶徹和尙)[4]을 찾아뵈었다. 힘든 일도 부지런히 하여 가리지 않았고, 남들이 어렵게 여기는 일을 쉬운 듯 해내니, 뭇사람이 보고 이렇게들 말했다.

"선문(禪門)의 유검루(庾黔婁)[5]가 아닌가!"

보철 화상은 이렇게 어려움도 마다 않는 대사의 행실을 어질게 여겼다. 그러던 어느 날, 대사를 불러 말했다.

"옛날에 나의 스승인 마 화상(馬和尙)[6]께서 돌아가시면서 말씀하시기를, '봄에 꽃이 많이 피고도 가을에 열매가 적은 것[7]은 불법(佛法)을 닦는 사람이 슬퍼하고 탄식하는 바이다. 이제

1_ 여만(如滿): 마조 도일(馬祖道一)의 제자 중 빼어난 인물이었다.
2_ 강서(江西): 당나라의 선승인 마조 도일(馬祖道一)을 말한다.
3_ 백거이(白居易): 당나라 때의 저명한 시인으로, 만년에 불문(佛門)에 귀의하였다.
4_ 보철 화상(寶徹和尙): 당나라 때 선승으로 강서(江西)의 법을 이었다.
5_ 유검루(庾黔婁): 남조(南朝) 때의 이름난 효자이다.
6_ 마 화상(馬和尙): 마조 도일(馬祖道一)을 가리킨다.
7_ 봄에 꽃이~열매가 적은 것: 불도(佛道)가 높으면서도 제자가 적은 것을 이른다.

너를 인가(印可)[8] 하노니, 훗날 제자들 가운데 뛰어난 공로가 있어 봉할 만한 사람이 있거든, 봉하여 우리 불가의 도가 끊어지지 않도록 하거라' 하셨지. 또 말씀하시기를, '불법(佛法)이 동쪽으로 흐른다는 예언이 있지. 저 해 뜨는 나라[9]에 선남자(善男子)[10]의 뿌리가 거의 무르익었을 터이니, 네가 동쪽 사람 가운데 서로의 눈만 보고도 마음이 통하는 이를 얻게 되면 잘 인도하거라. 지혜의 물이 바다 건너 외진 땅을 크게 적신다면 그 공덕이 적지 않으리라!' 하셨네. 스승님의 그 말씀이 귀에 쟁쟁하거늘, 자네가 나타나다니 내 참으로 기쁘네. 이제 자네에게 심인(心印)[11]을 주어 동쪽 신라에서 선종(禪宗)의 후계자 가운데 으뜸이 되게 하고자 하니, 가거든 열심히 하게나. 내 현세에는 강서의 제자였으나, 내세에는 해동(海東: 신라)의 조종(祖宗)이 될 것인바 선사에게 부끄러울 게 없노라!"

그로부터 얼마 되지 않아 보철 화상이 세상을 떠났다. 대사는 흑건을 머리에 두른 채[12] 말했다.

"뗏목이 없어졌는데, 배를 어디다 매어 놓겠나!"

이때부터 바람처럼 유랑하였으니 그 기세를 막을 수도, 그 뜻을 앗을 수도 없었다. 분수(汾水)[13]를 건너고 곽산(崞山)[14]에 올랐으며, 이름난 고적(古蹟)들을 빠짐없이 찾아다녔고, 진정한 승려라면 반드시 가서 만나 보았다.

---

[8] 인가(印可): 스승이 제자의 깨달음을 인정한다는 말이다.
[9] 해 뜨는 나라: 신라를 가리킨다.
[10] 선남자(善男子): 불교에 귀의하여 선을 닦아 신심이 깊은 남자를 말한다.
[11] 심인(心印): 이심전심의 도를 인가(印可)한다는 말이다.
[12] 흑건을 머리에 두른 채: 당대에 승려는 평상시에는 백건(白巾)을 쓰고, 상중에 있을 때는 흑건(黑巾)을 썼다.
[13] 분수(汾水): 산서성(山西省)에서 발원하여 황하(黃河)로 들어가는 분하(汾河)를 말한다.
[14] 곽산(崞山): 산서성(山西省)의 안문(雁門)에 있는 산 이름.

대사가 머무는 곳은 마을에서 멀리 떨어진 곳이었는데, 위험한 일을 편안히 여기고 괴로운 일을 달게 여기며, 두 다리와 두 팔을 종처럼 부리되 일심(一心)[15]을 군주처럼 받들고자 해서였다. 그런 중에도 오로지 위독한 병자들을 돌보며, 고아와 자식 없는 노인을 구제하는 일을 자기 임무로 삼았다. 지독한 추위나 더위가 닥쳐 열이 나고 가슴이 답답하거나 혹은 손발에 동상이 걸리더라도 일찍이 게으른 기색이 없었다. 그래서 누구든 대사의 이름을 듣기만 하면 저도 모르게 멀리서 경의를 표하였으며, 떠들썩하게 동방의 위대한 보살이라고들 했다. 대사가 30년 동안 행한 일이 대개 이러하였다.

회창(會昌) 5년(845)에 외국 승려들을 모두 본국으로 돌려보내라는 황제의 명령[16]이 있어 귀국하니, 신라 사람들이 기뻐하며 말했다.

"위대한 대사께서 귀국하시다니, 하늘이 시키신 일이요, 이 땅의 복이로다!"

이때부터 배움을 청하는 사람들이 가는 곳마다 벼와 삼대처럼 많았다.

대사가 왕성(王城: 경주)에 들어가 어머니를 뵙자, 어머니가 크게 기뻐하며 말씀하셨다.

"돌아보건대, 내가 그 옛날에 꾸었던 꿈이란 우담바라[17]가

15_ 일심(一心): 만유(萬有)는 실체가 아니요, 일심(一心)으로 된 것이다. 그러므로 일심을 깨닫는 것이 진여(眞如), 즉 불교의 궁극적 진리를 깨닫는 요체가 된다.

16_ 회창(會昌) 5년~황제의 명령: '회창'(會昌)은 당나라 무종(武宗)의 연호. 845년에 무종은 '회창멸법'(會昌滅法)을 펴 불교를 탄압하고 외국에서 온 승려들에게 강제 귀국을 명하였다.

17_ 우담바라: 산스크리트어 'Udambara'에서 온 말로, 원래 인도의 전설에 나오는 상징적인 꽃의 이름으로, 좀처럼 꽃이 피지 않지만 부처가 세상에 나오면 핀다고 한다.

한 번 꽂편 것이 아니었을까. 부디 내세(來世)를 제도(濟度)하기 바라노니, 내 다시는 문설주에 기대어 걱정하며 네가 집에 돌아오기를 바라는 마음을 갖지 않으련다." (…중략…)

낭혜 화상의 30년 행적이 요약적으로 서술된 부분이다. 낮은 곳에 있기를 자처하며, 더욱이 외국에서 수십 년간 남을 위해 헌신하며 살기란 오늘날에도 어려운 일이거늘 당대에 이런 길을 택했다니 놀라울 뿐이다. 그런데 낭혜 화상이 이처럼 위대한 고승이 되기까지는, 일찍이 그의 진면목을 알아본 스승과 그의 선택을 지지해 준 부모가 있었다는 사실을 간과할 수 없다.

왕의 스승이 되다

헌안왕(憲安王)[1]께서 왕위를 이으시자 글을 보내 대사의 말씀을 청하셨다. 대사는 이렇게 답했다.

"주풍(周豊)이 노공(魯公)에게 답한 말[2]이 곧 제가 왕께 전하고자 하는 뜻입니다. 그 말이 『예경』(禮經)에 기록되어 있으니 왕께서는 좌우명으로 삼으소서."

선대왕(先大王)[3]께서 즉위하시매 대사를 공경하며 소중하게 대하심이 선대의 뜻과 같아 날로 더욱 후해졌으니, 나라에 중대한 일이 있을 때마다 반드시 사람을 보내 대사의 자문을 구한 뒤에야 시행하셨다.

함통(咸通)[4] 12년(871) 가을에 왕께서 대사에게 급히 교서(敎書)를 보내, 역마(驛馬)를 타고 올라오시라고 하면서 이같이 말씀하셨다.

"어찌 산림(山林)만을 가까이하시고, 도성은 멀리하십니까?"

왕의 편지를 받은 대사는 제자들에게 이렇게 말했다.

"갑자기 우리 왕께서 옛날 진(晉)나라의 제후(諸侯)가 백종(伯宗)을 부르듯 하시나,[5] 나는 30년 동안 그림자가 산 밖에 나간 일이 없다는 원공(遠公)[6]과 같은 사람이라 참으로 부끄럽구

1_ 헌안왕(憲安王): 신라의 제47대 왕.
2_ 주풍(周豊)이 노공(魯公)에게 답한 말: 주풍은 춘추 시대 노(魯)나라의 은사(隱士)이다. 당시 노나라의 군주이던 애공(哀公)에게 '임금이 예(禮)·의(義)·충(忠)·신(信)·성(誠)·실(實)을 지녀야 비로소 백성이 믿고 따른다'는 가르침을 주었다.
3_ 선대왕(先大王): 신라의 제48대 왕인 경문왕을 말한다.
4_ 함통(咸通): 당나라 의종(懿宗)의 연호.
5_ 옛날 진(晉)나라의~부르듯 하시나: '백종'은 춘추 시대 진(晉)나라의 대부이다. 당시에 양산(梁山)이 무너지는 사태가 일어나자, 진(晉)나라 제후는 백종에게 물어 그 사태를 해결할 방도를 찾았다고 한다.

나. 허나 앞으로 도가 행해지게 하려면 좋은 때를 놓쳐서는 안 되니, 내 석가모니의 옛일7-을 생각하여 임금께 나아가야겠구나."

대사가 홀연히 일어나 도성에 이르러 알현하니, 왕께서 면류관을 쓰고 예복을 입으신 채 절하고는 국사(國師)로 삼으셨다. 왕비와 세자, 왕의 동생인 상국(相國)과 여러 왕자, 왕손들이 대사를 둘러싸고 우러르기를 한결같이 하였는데, 그 모습이 마치 옛날 가람(伽藍)의 벽화에서 서방(西方)의 여러 왕이 부처를 모시고 있는 것과 같았다.

왕께서 말씀하셨다.

"저는 재주가 없습니다만, 어려서부터 글 짓는 일을 좋아합니다. 일찍이 유협(劉勰)이 쓴 『문심조룡』(文心雕龍)을 보니 '유(有)에만 국한되거나 무(無)만을 지키면,8- 한편으로 치우친 해석만을 하게 된다. 그러므로 참된 근원에 나아가고자 한다면 반야(般若)9-의 높은 경지라야 한다'는 말이 있었습니다. 그 '높은 경지'라는 게 무슨 뜻인지 설명해 주시겠습니까?"

대사가 대답했다.

"경지가 이미 높다면, 이치 또한 없을 것입니다.10- 이는 마음으로만 깨달을 수 있는 바이니 말없이 행해야 할 따름입니다."

왕께서 말씀하셨다.

6_ 30년 동안~없다는 원공(遠公): '원공'은 동진(東晉)의 고승인데, 30년간 여산(廬山)에 살면서 자신의 그림자조차 산 밖을 넘지 않게 하였다고 한다.

7_ 석가모니의 옛일: 석가모니는 열반에 들 때 국왕과 대신(大臣)에게 불법(佛法)의 유통을 부탁했다고 한다.

8_ 유(有)에만~무(無)만을 지키면: '유'는 유교를, '무'는 도가(道家)를 가리킨다.

9_ 반야(般若): 불교에서 '지혜'를 일컫는 말. 반야는 평등·무념(無念)·무분별인바, 이를 얻어야만 해탈에 이를 수 있다.

10_ 경지가 높다면~없을 것입니다: 반야의 경지에 이르면 일체의 차별과 분별과 사려(思慮)가 없어지기에 이치나 시비를 따지는 일도 없게 된다.

"과인은 조금 더 배우기를 청합니다."

그리하여 문도(門徒) 가운데 뛰어난 사람을 골라 자기에게 여러 가지를 묻게 하되, 하나하나 차근차근 자세히 알 수 있게 설명하니, 막힌 것을 해결하고 번잡한 것을 떨쳐 버리기를 마치 청명한 가을바람이 어둑한 안개를 없애듯 하였다. 왕께서 매우 기뻐하시며 대사를 늦게 만난 일을 한탄하며 말씀하셨다.

"몸을 공손히 하고, 저에게 남종(南宗)[11]의 교리를 가르쳐 이끌어 주시니, 순(舜)임금은 어떤 사람이며 저는 어떤 사람인지요."[12]

궁에서 나온 뒤에도, 여러 공경들이 늘어서 마중하였으므로 불법을 설하기에 바빴고, 백성들이 쫓아와 떠받들어 떠나고자 해도 그렇게 할 수가 없었다. 이때부터 온 나라 사람들이 모두 자기 안에 불성(佛性)이 있음을 깨닫게 되어, 이웃 사람의 보배를 엿보는 일이 없어졌다.

그러나 얼마 지나지 않아, 대사는 새장 안에 갇혀 지내는 것과 같은 궁중 생활을 괴로이 여겨 도망하다시피 나와 버렸다. 왕께서도 억지로 대사를 머물게 할 수 없다는 걸 아시고는, 교서를 내려 상주(尙州)에 있는 심묘사(深妙寺)가 도성에서 멀지 않으니 그곳을 대사가 참선하는 별관으로 삼아 주기를 청하셨다. 대사는 사양하였으나 왕께서 대사의 뜻을 들어주시지 않았으므로

11_ 남종(南宗): 남종선(南宗禪)을 말한다. 달마를 초조(初祖)로 하는 중국 선(禪)은 제6조(祖) 혜능(慧能) 때에 이르러 신수가 이끄는 북종선(北宗禪)과 혜능이 이끄는 남종선으로 나뉘게 된다. 이후 중국 선종은 남종선이 주류가 된다.
12_ 순(舜)임금은~어떤 사람인지요: 『맹자』에 나오는 말로, 누구나 성인(聖人)이 될 수 있다는 뜻이다.

하는 수 없이 거처하였는데, 비록 잠시 머물더라도 반드시 집을 수리하여 엄연히 절의 모습을 갖추게 하였다.

건부(乾符)[13] 3년(876) 봄에 선대왕께서 옥체가 편치 않으셨다. 왕께서 근신(近臣)에게 명하셨다.

"어서 우리 낭혜 화상을 맞아 오라!"

왕의 사신이 이르자, 대사가 말했다.

"산승(山僧)이 궁궐에 들어서는 일은 한 번으로도 많다고 하겠거늘, 나를 아는 이는 '성주'(聖住)를 '무주'(無住)라 할 것이요, 나를 모르는 이는 '무염'(無染)을 '유염'(有染)이라 할 것이다.[14] 그러나 돌이켜 보면, 우리 왕과는 불문(佛門)의 인연이 있고, 또 승천하실 날이 얼마 남지 않았으니, 어찌 나아가 영결하지 않겠나."

그리고는 걸어서 궁에 이르렀다. 대사가 약(藥)이 되는 말씀과 교훈이 되는 말씀들을 들려드리자, 왕께서 잠시 나으시니 온 나라 사람들이 기이하게 여겼다. 왕께서 승하하셔서 장례를 치른 뒤에 새로 왕위를 이은 헌강왕[15]이 상복을 입은 채 눈물을 흘리며 왕손인 훈영(勛榮)을 통해 대사에게 뜻을 전했다.

"저는 어려서 아버님의 상을 당하여 정치를 잘 알지 못합니다 다만 임금에게 좋은 말을 들려주고 부처를 받들어 많은 사람을 구제하는 일이, 자기 한 몸만 올바르게 하는 일과 같지 않은 줄

13_ 건부(乾符): 당나라 희종(僖宗)의 연호.
14_ 나를 아는~할 것이다: '성주'(聖住)는 궁궐에 거주함을, '무주'(無住)는 궁궐에 거주하지 않음을 뜻하는바, 깨침이 높은 낭혜 화상으로서는 비록 방편상 불법을 유포하기 위해 궁궐에 일시 머물렀으나 그것은 궁궐에 머물지 않고 초야에 있는 것과 아무 차이가 없다는 말이다. 한편, '무염'은 낭혜 화상의 법호(法號)로 '더러움이 없다'는 뜻인데, 계속 속세를 오가게 되면 자신의 본의를 모르는 세상 사람들은 그 반대의 뜻인 '유염'으로 여길 것이라는 말이다.
15_ 헌강왕: 신라의 제49대 왕.

은 알고 있습니다. 부디 대사께서는 멀리 가시지만 말기 바랍니다. 거주할 곳은 대사의 선택에 따르겠습니다."

대사는 이렇게 대답했다.

"옛 스승으로는 육경(六經)[15]이 있고, 오늘날 보좌하는 신하로는 삼경(三卿)이 있습니다. 저같이 늙은 산승(山僧)이 무어 길래 편안히 앉아 메뚜기처럼 땔나무와 쌀을 축내겠습니까. 다만 왕께 드릴 말씀이라면, 바로 '능관인'(能官人)[16] 세 글자뿐입니다."

이튿날 대사는 행장을 차리고 새처럼 훌훌 떠나갔다.

---

[15] 육경(六經): 『시경』(詩經)·『서경』(書經)·『예기』(禮記)·『악기』(樂記)·『역경』(易經)·『춘추』(春秋)의 여섯 가지 경서.
[16] 능관인(能官人): 훌륭한 인재를 공평히 등용하라는 뜻이다.

왕의 스승이 됨으로써 현실에 일정하게 참여하되, 결코 거기에 매이지 않았던 낭혜 화상의 행적이 서술된 부분이다. 낭혜 화상은 신라 헌안왕에게 "왕이 예(禮)와 의(義)와 충(忠)과 신(信)과 성(誠)과 실(實)을 지녀야 비로소 백성이 믿고 따른다"는 가르침을 주었고, 헌강왕에게는 "훌륭한 인재를 공평히 등용하라"는 가르침을 주었다. 여기서 낭혜 화상이 유불(儒佛)을 넘나드는 박학함과 높은 식견을 지닌 인물이었음을 알 수 있다. 낭혜 화상 백월보광탑비는 현재 충청남도 보령시 성주사지(聖住寺址)에 세워져 있다.

추모의 노래

도(道)라 이름한 걸 상도(常道)로 삼는[1] 건
풀잎의 이슬을 꿰는 것과 같고
불도(佛道)에 나아가 진정한 부처가 되기란
물속에 비친 달을 잡는 것과 같네.
도가 떳떳하여 부처의 참다움을 얻은 이
바로 신라의 김 상인(金上人)이지.
본가지는 성골에 뿌리 두었고
상서로운 연꽃을 받아 태어났다네.
오백 년 만에 이 땅에 태어나
열세 살에 속세를 떠나니
화엄(華嚴)이 불법(佛法)의 큰길로 이끌어
배를 타고 큰 바다에 떴다네.

당나라를 구경하고
스승이 죽은 후 떠돌아다녔네.
고승들 모두 감탄하며
고행(苦行)으로 따를 이 없다 말했지.
황제가 외국의 승려 본국으로 보내게 해

1_ 도(道)라 이름한 걸~삼는: 『도덕경』에, '도'(道)라고 이름할 수 있다면 이미 '상도'(常道: 진정한 불변의 도)가 아니다라고 했다.

신라로 돌아온 건 하늘이 내린 복.
마음의 구슬은 마곡(麻谷)을 비쳤고
지혜의 거울은 우리나라를 비추었네.

봉새가 훌륭한 모습으로 나타나니
뭇 새들이 다투어 뒤따랐네.
한번 저 용의 변화2_를 보라!
어찌 보통 사람이 헤아려 알겠는가.
우리나라에 가르침을 펼치시고
성주사(聖住寺)에서 억지로 주지를 하셨네.
여러 절에 두루 머무시매
바윗길에도 입추의 여지가 없었지.3_

"나는 왕의 삼고초려를 바라거나
왕의 뜻에 영합하려는 사람이 아니네.
도를 행할 만한 때를 만나 나아갈 뿐이니
옛날 석가모니의 일을 따르기 위함이지."
두 왕께서 대사를 존경하시어
온 나라가 그 가르침에 젖어 들었네.
학이 나오니 깊은 골짝은 가을이요

2_ 용의 변화: 낭혜 화상의 자유자재한 도를 이른다.
3_ 바윗길에도~없었지: 도를 듣기 위해 따르는 사람들이 많았다는 말이다.

구름이 돌아가니 바다의 산이 저물었네.4_

세상에 나와서는 용(龍)보다 고귀하였고
돌아가서는 명홍(冥鴻)5_보다 고귀하였네.
물을 건너매 소부(巢父)를 편협하게 여겼으며6_
골짜기에 들어오사 승랑(僧朗)보다 나았네.7_
중국에서 돌아온 뒤
세 번이나 궁궐에 들어오셨네.
미혹한 이들은 함부로 옳으니 그르니 이야기하지만
도통한 사람에게 무슨 차이가 있겠는가.

도는 담박하여 맛이 없으나
모름지기 스스로 마시고 먹어야 하리니
남이 마신 술에 내가 취하지 못하고
남이 먹은 밥에 내가 배부르지 않아서네.
사람들에게 마음을 어떻게 붙잡을지 깨우쳐 주길
명예나 이욕을 겨와 쭉정이처럼 여겨야 한다 했고
속인에게 몸가짐을 어떻게 해야 할지 가르쳐 주길
인(仁)과 의(義)를 갑옷과 투구처럼 여겨야 한다 했네.

4_ 학이 나오니~산이 저물었네: 앞 구절은 낭혜 화상이 출산(出山)함을 이르고, 뒤 구절은 낭혜 화상이 입산(入山)함을 이른다.
5_ 명홍(冥鴻): 하늘 높이 나는 기러기를 이르는 말로, 속세의 얽매임에서 벗어나 있음을 뜻한다.
6_ 물을 건너매~여겼으며: 서해를 건너 중국에 들어간 낭혜 화상이 소부를 편협한 인물로 여겼다는 뜻. 소부는 요임금 때의 은자로, 일신(一身)의 고결함을 추구하였다.
7_ 골짜기에~나았네: 승랑(僧朗)은 중국 전진(前秦) 때의 고승인데, 도성에 머물며 입산하지 않았다. 낭혜 화상은 입산했기에 낫다고 한 것이다.

이끌어 지도하시되 하나도 버리는 사람이 없었으니

천인사(天人師)8_와 다름없었지.

옛적에 살아 계실 때에는

온 나라가 유리세계(琉璃世界)9_ 이루었건만

돌아가신 뒤부터는

발길 닿는 곳마다 가시풀만 돋았구나!

열반(涅槃)에 어찌 그리 빨리 드셨는지

지금 사람과 옛사람이 함께 슬퍼하네.

탑을 세우고 비문을 새겨

형체는 사라지셨으나 자취는 드러나

사리탑은 푸른 산속에 한 점 자리하고

비석은 푸른 절벽 아래에 버티고 섰네.

이 어찌 대사의 뜻이겠냐만

부질없이 글월로나마 살펴

후인들에게 오늘을 알게 하는 것은

지금 우리가 옛날을 돌아보는 일과 같으리.

왕의 은혜는 천년토록 깊을 것이요

대사의 가르침은 만대(萬代)의 흠모를 받으리.

8_ 천인사(天人師): 부처의 열 가지 호칭 중의 하나. 부처는 천(天)과 인(人)의 스승이라는 뜻이다.

9_ 유리세계(琉璃世界): '유리'(琉璃)는 일곱 가지 보물의 하나로, 수미산 남쪽에 이 보물이 있다고 한다. 유리세계란 유리로 장식된 아름다운 세계라는 뜻이다.

이제 누가 '자루 있는 도끼'를 잡을 것이며[10]

이제 누가 '줄 없는 거문고 소리'를 들으리.[11]

비록 선(禪)을 지킬 이는 없다 할지라도

어찌 이 비석에 먼지가 끼게 할 수 있겠나.

계족산(雞足山) 봉우리에서 기다리는 미륵의 하생(下生)[12]

장차 동방의 계림(鷄林)에 있으리.[13]

---

[10] 이제 누가~잡을 것이며: 낭혜 화상의 뒤를 이어 인재를 키워 낼 사람이 누구이겠는가를 묻는 말이다.

[11] 이제 누가~들으리: 낭혜 화상의 선지(禪旨), 즉 말 밖의 가르침을 따를 사람이 누구이겠는가를 묻는 말이다.

[12] 계족산(雞足山)~미륵의 하생(下生): '계족산'은 인도에 있는 산 이름. 미륵불은 미래불(未來佛)인데, 장차 계족산에 강생(降生)한다고 한다.

[13] 장차~있으리: 낭혜 화상이 장차 미륵불로 신라에 하생(下生)할 것이라는 말이다.

지증 대사 이야기

여섯 가지의 기이한 감응

지증 대사의 세속 인연을 상고해 보면, 왕도(王都)1_ 사람으로 김씨(金氏) 성의 자손이며, 호는 도헌(道憲)이요, 자는 지선(知詵)이다. 그 아버지는 찬괴(贊瓌)이고, 어머니는 윤씨(尹氏)이며, 장경(長慶)2_ 갑진년(824) 세상에 나와서 중화(中和)3_ 임인년(882)에 입적하니, 승려가 된 지 43년이요, 누린 나이는 59년이다.

체구는 키가 일곱 자 남짓하였고 얼굴이 한 자쯤이었으며, 모습이 장대하고 빼어났으며, 말이 웅장하고 맑았으니 이른바 참으로 '위엄이 있으되 사납지 않은' 인물이었다.

잉태될 때부터 입적할 때까지의 신기한 사적과 숨겨진 이야기는, 신출귀몰(神出鬼沒)한 듯하여 붓으로 이루 다 기록할 수 없겠으나, 이제 사람들의 귀를 쫑긋 세우게 한 여섯 가지의 기이한 감응과 사람들의 마음을 놀라 깨우치게 한 여섯 가지의 높은 행적을 가려 뽑아 이야기하고자 한다.

처음 그 어머니의 꿈에 한 거인이 나타나 말했다.

1_ 왕도(王都): 신라의 수도 경주를 말한다.
2_ 장경(長慶): 당나라 목종(穆宗)의 연호.
3_ 중화(中和): 당나라 희종(僖宗)의 연호.
4_ 비파시불(毘婆尸佛): 석가모니가 출현하기 이전의 과거 칠불(過去七佛)의 하나. '비파시'는 산스크리트 말의 음역(音譯).

"저는 과거 비파시불(毘婆尸佛)4_로서 말법(末法)5_의 세상에 승려가 되었는데, 분노의 마음 때문에 오랫동안 용(龍)이 되는 업보를 받았으나, 그 업보가 이미 다 끝나 이제 불제자(佛弟子)가 될 것입니다. 그러므로 묘한 인연에 의탁해 자비로운 교화를 널리 펴기를 원합니다."

이내 임신하여 4백 일이 지난 관불회(灌佛會) 날6_ 아침에 태어났는데, 이무기가 좋은 곳에 인간으로 다시 태어난 일과 부합되고,7_ 마야 부인(摩耶夫人)의 태몽에 합치되니,8_ 화를 잘 내는 사람으로 하여금 더욱 삼가게 하고, 수도자로 하여금 정성스레 불도를 닦게 하는바 바로 이 탄생 과정이 첫 번째 기이함에 해당한다.

태어난 지 여러 날이 되도록 젖을 물지 않고, 짜서 먹이면 곧 울면서 토하려 했는데, 홀연 어떤 도인(道人)이 문 앞을 지나가다 이렇게 일러 주었다.

"아이가 울지 않게 하려면, 매운 맛의 채소와 어육(魚肉)을 드시지 마시오."

어머니가 그 말을 따르자 마침내 아무런 탈이 없게 되었다. 젖 먹이는 자로 하여금 조심하게 만들고 고기를 먹는 자로 하여금 부끄러움을 품게 하였으니, 전세(前世)의 이 습관9_이 두 번

5_ 말법(末法): 석가모니가 세상을 떠난 지 오래되어 교법이 쇠퇴한 시기.
6_ 관불회(灌佛會) 날: 4월 초파일, 석가 탄신일.
7_ 이무기가~부합되고: 중국 『고승전』(高僧傳)에 나오는 이야기로, 분노의 감정 때문에 이무기가 된 한 승려가 동문수학한 승려인 안청(安淸)의 도움으로 좋은 곳에 다시 인간으로 태어났다고 한다.
8_ 마야 부인(摩耶夫人)의~합치되니: 마야 부인은 석가모니의 어머니인데, 성인(聖人)이 흰 코끼리를 타고 하늘에서 내려오는 태몽을 꾼 후 석가모니를 낳았다고 한다.
9_ 전세(前世)의 이 습관: 대사가 전생(前生)에 육식 등을 하지 않았던 습관을 지녔던 것을 가리킨다.

째 기이함에 해당한다.

아홉 살에 아버지를 여의고 슬픔으로 몹시 수척하였는데 아버지의 재(齋)를 올리던 승려가 이를 가련히 여겨 이렇게 깨우쳐 주었다.

"덧없는 몸은 쉽게 사라지며 장한 뜻은 이루기 어렵다네. 옛날 부처님께서 부모의 은혜를 갚으심에 큰 방편(方便)이 있었으니,10_ 그대는 아무쪼록 힘쓰게."

그 말을 듣고 깨달아 울음을 거두고는 어머니께 불교에 귀의할 것을 아뢰었으나 어머니는 그가 어린 것을 애처롭게 여기고, 또 집안을 보전할 사람이 없는 것을 염려하여, 결코 허락하지 않으셨다. 그러나 부처님이 도성을 떠나 출가한 고사를 듣고, 곧 집을 나와 부석산(浮石山)에 가 불법을 배웠다. 하루는 문득 마음이 놀라 좌불안석하였는데, 얼마 뒤 어머니가 병이 났다는 소식을 듣게 되어 급히 고향으로 돌아가 뵈니, 어머니의 병이 곧 나았으므로 당시 사람들이 그를 완효서(阮孝緖)11_에 견주었다. 집에 머문 지 얼마 되지 않아 대사가 고질병에 걸렸는데 의원에게 보여도 효험이 없어 여러 곳에 점을 쳐 보니 한결같이 이렇게 말했다.

"마땅히 불문(佛門)에 의탁해야 할 것이오!"

어머니가 지난날의 태몽을 돌이켜 생각하고는 우선 가사(袈

10_ 옛날~방편이 있었으니: 부처님이 출가하여 성불함으로써 중생을 제도한 것이 부모에 대한 보은(報恩)이었다는 뜻이다.
11_ 완효서(阮孝緖): 중국 양(梁)나라 때의 이름난 효자.
12_ 가사(袈裟): 승려가 입는 옷.
13_ 구족계(具足戒): 출가한 승려가 반드시 지켜야 하는 여러 가지의 계율.
14_ 계주(戒珠): 계율을 이른다. 계율은 결백한 것으로, 사람의 몸을 장식하는 까닭에 구슬에 비유한다.

裟)12_로 몸을 덮어 주며 울면서 맹세해 말했다.

"만약 이 아이의 병이 낫는다면, 부처님의 아들로 삼겠습니다."

이틀 밤을 자고 나자 씻은 듯이 나았다. 우러러 어머니의 자애를 깨닫고 마침내 본래 뜻을 이루었으니, 자식을 사랑하는 부모로 하여금 그 사랑을 아끼게 하여 마침내 자식의 병을 낫게 하였으니, 바로 이 효성이 세 번째 기이함이다.

열일곱 살에 이르러 구족계(具足戒)13_를 받게 되어 비로소 수계(受戒)의 단(壇)에 나아갔는데, 소매 속에 빛이 반짝이는 것을 깨닫고 이를 더듬어 한 계주(戒珠)14_를 얻었으니, 마음이 무심(無心)하여 그럴 수 있었던 것이다.15_ 곧 구슬이 다리가 없어도 이른 것이니, 참으로 『육도경』(六度經)의 비유 그대로다.16_ 굶주려 부르짖는 자로 하여금 스스로 배부르게 하고, 취해 쓰러진 자로 하여금 깨어나도록 하였으니,17_ 이처럼 마음을 다해 정진한 것이 네 번째 기이함이다.

하안거(夏安居)를 마치고 장차 다른 곳으로 가려 하는데, 밤에 꿈속에서 보현보살(普賢菩薩)18_이 머리를 어루만지고 귀를 당기며 말했다.

15_ 마음이 무심(無心)하여~있었던 것이다: 지중 대사의 '무심'을 강조한 말이다. '무심'해야 도를 얻을 수 있고, '유심'(有心)하면 도를 얻을 수 없다. '유심'은 분별과 시비를 일삼으니 진여(眞如), 즉 평등의 지혜에 이를 수 없다.

16_ 『육도경』(六度經)의~그대로다: 『육도경』에서 계율을 구슬에 비유한 것을 말한다. 『육도경』은 『육도집경』(六度集經)이라고도 하는데, 12부경(部經) 가운데 본생경(本生經)에 속하는 경전이다.

17_ 굶주려 부르짖는~깨어나도록 하였으니: '굶주려 부르짖는 자'란 교(敎: 불교 경전, 즉 문자로 씌어진 교리)를 배우는 사람을, '취해 쓰러진 자'란 선(禪: 불립문자不立文字)을 배우는 사람을 이른다.

18_ 보현보살(普賢菩薩): 석가여래가 중생을 제도(濟度)하는 일을 돕는 보살.

"고행(苦行)은 행하기 어려우나, 이를 행하면 반드시 이루리라."

꿈에서 깨자 놀라서 오한이 든 듯했다. 묵묵히 살과 뼈에 아로새기어, 이로부터 다시는 명주옷과 솜옷을 입지 않았고, 옷을 꿰맬 때는 반드시 삼이나 닥나무 껍질로 만든 실을 사용했으며, 동물의 가죽으로 만든 신발도 신지 않았거늘, 하물며 새깃 부채나 모피 깔개를 사용했겠는가. 그리하여 솜옷을 입은 자로 하여금 눈이 열리게 하고, 명주옷을 입은 자로 하여금 부끄럽게 하였으니, 이처럼 그 몸을 단속한 것이 다섯 번째 기이함이다.

유년 시절부터 노성(老成)한 덕이 풍부하였고, 더욱이 계행(戒行)[19]을 밝혔으므로, 후생(後生)들이 다투어 따르며 배우기를 청하였는데 대사는 이를 거절하며 말했다.

"사람의 큰 폐단은 남의 스승 되기를 좋아하는 데 있소. 혜택을 베풀 수가 없는데도 억지로 혜택을 베풀고자 하며, 그 본보기가 될 수 없는데도 억지로 본보기가 되어서야 쓰겠소? 하물며 나는 큰 바다에 떠 있는 하나의 지푸라기 같은 존재이니 나 자신도 바다를 건널 겨를이 없음에랴! 내 그림자를 좇음으로써 남에게 웃음거리가 될 일이 없게들 하시오."

훗날 산길을 가는데, 어떤 나무꾼이 앞길을 막으면서 말했다.

"선학이 후학을 깨치게 하는 데에 어찌 덧없는 몸을 아낄 필

19_ 계행(戒行): 불교의 계율.
20_ 계람산(鷄藍山) 수석사(水石寺): 연산(連山) 개태사(開泰寺). 혹자는 상주(尙州) 용흥사(龍興寺)라고도 한다.

요가 있겠소?"

그에게 다가가니 갑자기 보이지 않았다. 마침내 부끄러워하며 깨달아, 그때부터는 와서 배우고자 하는 이를 막지 않았으니 계람산(鷄藍山) 수석사(水石寺)[20]에 제자들이 대나무와 갈대처럼 빽빽하게 들어찼다. 얼마 후 다른 곳에 땅을 정해 절을 짓고 이렇게 말했다.

"매어 있고 싶지 않으니, 거처를 옮김이 좋겠다."

공부하는 사람으로 하여금 깊이 성찰하게 하고, 절집을 짓는 사람으로 하여금 신중히 생각하게 했으니, 이런 훌륭한 태도가 여섯 번째 기이함이다. (…중략…)

이 글은 「희양산 봉암사 지증 대사 적조탑비명」(曦陽山 鳳巖寺 智證大師 寂照塔碑銘)의 일부이다. 지증 대사 도헌(道憲, 801~882)이 보여 준 기이한 감응 여섯 가지를 차례로 서술해 놓고 있다.

여섯 가지의 높은 행적

함통(咸通)[1] 5년(864) 겨울에, 단의(端儀) 벼슬[2]의 망옹주[3]가 '미망인'(未亡人)이라 스스로 일컫고 당래불(當來佛)[4]에 귀의하였다. 대사를 공경하여 자신을 '하생'(下生)[5]이라 이르고 공양을 두텁게 하였으며, 옹주(翁主)의 봉지(封地)로 받은 현계산(賢溪山) 안락사(安樂寺)의 산수가 퍽 아름답다고 하여, 그 주인이 되어 달라고 청하였다. 이에 대사가 그의 문도들에게 말했다.

"산의 이름이 현계(賢溪)이고 우계(愚溪)가 아닌데다 절의 이름이 안락(安樂)이니 어찌 그 절의 주지를 하지 않으리오."

그 말대로 옮겨 가 그곳에서 사니 백성이 교화되었다. 산을 좋아하는 이로 하여금 더욱 고요하게 하고, 땅을 선택하는 이로 하여금 신중하게 생각하게 하였으니, 나아감과 물러남을 올바로 한 것이 그 첫 번째 행적이다.

어느 날 문인에게 이렇게 말했다.

"고인이 되신 한찬(韓粲) 김억훈(金嶷勳) 공이 나를 승적(僧籍)에 넣어 승려가 되게 하셨으니, 공에게 불상으로 보답하겠노라."

그리고는 1장(丈) 6척[6]의 불상을 만들어 거기에 광채 나는

---

1 함통(咸通): 당나라 의종(懿宗)의 연호.
2 단의(端儀) 벼슬: 신라 시대에 여성에게 준 벼슬 이름.
3 망옹주: 신라 경문왕(景文王)의 손위 누이.
4 당래불(當來佛): 내세에 부처가 될 분. 곧, 지증 대사를 가리킨다.
5 하생(下生): 미천한 아랫사람이라는 뜻이다.
6 1장(丈) 6척: 석가모니의 키가 1장 6척이었다는 전설을 따른 것이다.

금물을 입혔는데, 이로써 절을 지키고 저승길을 인도하였다. 은혜를 베푸는 이로 하여금 날로 돈독하게 하고, 의리를 중시하는 이로 하여금 바람처럼 따르게 하였으니, 은혜에 옳게 보답한 것이 그 두 번째 행적이다.

함통 8년 정해년(867)에 이르러 시주(施主)인 옹주가 여금(茹金) 등을 시켜 절에 바칠 토지 및 노비 문서를 대사에게 주어 대사의 소유로 삼게 하고 영영 변경할 수 없게 하였다. 대사가 이 일과 관련해 자신의 생각을 말했다.

"왕녀께서 법희(法喜)[7]에 이바지하심이 이와 같거늘, 불제자인 내가 선열(禪悅)을 맛봄이 어찌 한갓 시주의 공양뿐이겠는가. 내 집이 가난하지 않은데 친척이 모두 죽고 없으니, 내 재산을 길 가는 행인의 손에 떨어지게 놔두기보다는 차라리 문도들의 배를 채워 주리라."

그리고는 마침내 건부(乾符)[8] 6년(879), 전사(田舍) 12칸과 밭 5백 결(結)을 희사하여 절에 예속시켰다. (……)

이처럼 백성으로 하여금 인(仁)을 흥하게 하고, 재물을 과도히 쓰는 이로 하여금 과오를 뉘우치게 하였으니, 재물을 옳게 희사한 일이 그 세 번째 행적이다.

건혜(乾慧)의 경지[9]에 있는 사람이 있었으니 이름이 심충(心忠)이란 이였다. 대사의 정혜(定慧)[10]가 넉넉하고, 감식(鑑

---

[7] 법희(法喜): 법열(法悅), 즉 불법(佛法)을 수행함으로 얻는 기쁨을 말한다.
[8] 건부(乾符): 당나라 희종(僖宗)의 연호.
[9] 건혜(乾慧)의 경지: 마른 지혜의 경지, 곧 초심자(初心者)를 일컫는 말이다.
[10] 정혜(定慧): '정'(定)은 선정(禪定)을, '혜'(慧)는 지혜를 뜻한다.

識)은 천지를 투시하며, 뜻은 담란 대사(曇蘭大師)[11]처럼 확고하고, 학술은 안름 대사(安廩大師)[12]처럼 정밀하다는 말을 듣고서, 찾아가 인사를 드린 뒤 이렇게 말했다.

"저에게 땅이 있는데 희양산(曦陽山)[13] 중턱에 있습니다. 봉황 바위와 용 계곡의 형상이라 그 경개가 사람의 눈을 놀라게 하니, 바라건대 여기에 선사(禪寺)를 지어 주십시오."

대사가 천천히 답했다.

"내가 몸이 둘이 아니거늘, 어찌 이를 쓰겠소?"

그러나 그의 청이 워낙 간절하고, 게다가 산이 신령하여 갑옷 입은 기사(騎士)를 앞장세운 듯한 기이한 형상이 있어, 석장(錫杖)을 짚고 나무꾼이 다니는 샛길을 더듬어 올라 자세히 살폈다. 바야흐로 산이 병풍처럼 사방을 에워싸고 있어 봉황의 날개가 구름 속에 치켜든 듯하고, 물이 백 겹으로 띠를 두른 듯하여 용의 허리가 돌에 누워 있는 듯하였다. 대사는 놀라 감탄하여 말했다.

"이 승지를 얻게 된 것이 어찌 하늘의 돌보심이 아니겠는가! 승려의 거처가 되지 않는다면 도적의 소굴이 되리라!"

마침내 무리를 이끌고 후환을 막기 위해 그곳에 터를 잡으니, 기와 올린 처마를 네 기둥에 일으켜 지세(地勢)를 진압하고, 쇠로 만든 불상 둘을 주조하여 절을 호위케 했다. (……)

---

[11] 담란 대사(曇蘭大師): 중국 동진(東晉)의 고승.
[12] 안름 대사(安廩大師): 중국 남조(南朝) 진(陳)나라의 고승.
[13] 희양산(曦陽山): 경상북도 문경에 있는 산인데, 이 산 기슭에 유명한 봉암사(鳳巖寺)가 있고, 봉암사 경내에 지증 대사 적조탑비가 있다.

지세를 옳게 살핀 이로 하여금 의리를 드러내게 하고, 도적이 설치지 못하게 하였으니, 절을 새로 연 것이 그 네 번째 행적이다.

헌강왕께서는 중국의 풍속으로 우리나라의 폐풍(弊風)을 일소하고, 지혜의 바다로 백성을 적셔 주셨다. 평소 고승을 존경하고 간절히 그 강론을 듣고자 하셨으니, 대사에게 글을 보내 말씀하셨다.

"밖으로 작은 인연에 연연하다가 잠깐 사이에 일 년을 넘겼으니 안으로 큰 지혜를 닦을 수 있도록 한 번 와 주시기 바랍니다."

대사가 왕의 편지에 언급되어 있는 '좋은 인연이 세상에 두루 미침은 세속에 섞이어 중생과 어울리기 때문입니다'라는 말에 감동하여 산에서 나오자 말이 길에 대기하고 있었다. 선원사(禪院寺)에서 쉬며 이틀을 묵은 뒤 월지궁(月池宮)으로 가니 왕께서 '심'(心)에 대해 물으셨다. 바로 그때, 가느다란 풀에도 바람 한 점 없고, 궁궐의 나무에 바야흐로 밤이 드는 순간이었다. 때마침 달 그림자가 맑은 못 가운데 뚜렷이 비치었다. 대사는 고개를 숙여 살피다가 고개를 들어 왕께 아뢰었다.

"저것이 바로 그것이온바 더 이상 할 말이 없습니다."[14]

왕께서 흔쾌히 깨닫고 말씀하셨다.

"부처님이 연꽃을 들어 미소의 눈을 보내셨거니와,[15] 말씀

---

[14] 저것이 바로~말이 없습니다: '저것'은 물에 비친 달을 가리키고, '그것'은 마음을 가리킨다. 곧, 물에 비친 달이 바로 마음이라는 뜻이다.
[15] 부처님이~보내셨거니와: '염화시중(拈花示衆)의 미소'를 말한다. 어느 날 부처님이 설법할 때 연꽃 한 송이를 들어 대중에게 보였다. 아무도 그 의미를 몰랐지만 제자 가섭만이 부처님의 행위가 뜻하는 바를 마음으로 깨닫고 빙그레 미소를 지었다고 한다. '이심전심'(以心傳心)이라는 말이 여기서 유래하며, 선(禪)의 원류가 이에 있다.

하신 운치가 진정 이에 합치됩니다."

　　마침내 경의를 표하여 '망언사'(忘言師)16_로 삼으셨다. 대사가 궁궐을 나설 즈음에 왕께서 충직한 신하로 하여금 자신의 뜻을 전하여 좀 더 머물러 주기를 청하게 하니, 대사가 이렇게 대답하였다.

　　"금 궤짝을 실은 소가 값이 얼마 나가겠습니까? 새의 본성에 따라 새를 기르신다면 그 은혜로움을 헤아릴 수 없을 것입니다.17_ 여기서 작별하기를 청하오니 굳이 잡지 마시기 바랍니다." (……)

　　하릴없이 토끼를 기다리는 이로 하여금 그루터기를 떠나게 하고, 물고기를 탐내는 이로 하여금 그물 만드는 것을 배우게 하였으니,18_ 나아가고 물러남을 올바르게 한 것이 그 다섯 번째 행적이다.

　　대사는 세간(世間)에 있을 때, 멀거나 가깝거나 평탄하거나 험하거나를 가리지 않고 걸어다녔고, 일찍이 말이나 소로 하여금 수고로움을 대신하게 하지 않았는데, 산에 돌아갈 때 얼음과 눈이 앞을 막았다. 이에 왕께서 종려나무 가마를 하사하는 은혜를 베푸시자 대사가 사자(使者)에게 사례하여 말했다.

16_ 망언사(忘言師): '말을 잊은 선사'라는 뜻으로, 선법에 통달한 선사를 높여 부르는 말이다.

17_ 금 궤짝을 실은~ 없을 것입니다: '금 궤짝을 실은 소'는 궁궐에 매여 지내는 삶을 뜻한다. 지증 대사 자신은 초야에 있어야 제 값을 발휘할 수 있다는 말이다. '새의 본성' 운운한 것은, 『장자』에 나오는, 어떤 사람이 자신의 뜻에 따라 새를 가둬 길렀더니 새가 모이를 먹지 않고 사흘 만에 죽었다는 고사를 이른다.

18_ 토끼를~ 배우게 하였으니: 왕으로 하여금 타력(他力: 남의 힘)이 아니라 자력(自力: 스스로의 힘)으로 불법(佛法)을 깨닫도록 만든 것을 이른다. '토끼' 운운한 말은 '수주대토'(守株待兎: 나무 그루터기에서 토끼를 기다림)에서 따온 말이다.

"이것이 어찌 정대춘(井大春)[19]이 말한 '사람 수레'가 아니겠습니까? 훌륭한 군자도 사용치 아니한 바이거늘, 하물며 저같이 삭발한 중이야 말할 나위가 있겠습니까? 그러나 왕명이 이미 이르렀으니, 이를 받아 보행의 괴로움을 구제하는 도구로 삼겠습니다."

그러나 대사는 병으로 안락사(安樂寺)로 옮겨 간 뒤 석장을 짚고서도 일어날 수 없는 지경에 이르러서야 비로소 그것을 사용하였다. 병통을 병통으로 여기는 자로 하여금 공(空)을 깨닫게 하고, 어진 이를 어진 이로 여기는 자로 하여금 집착에서 벗어나게 하였으니,[20] 취사(取捨)를 자유자재로 한 것이 그 여섯 번째 행적이다.

대사는 12월 18일 가부좌를 하고 말을 나누던 중 조용히 세상을 떠났다. 아! 별이 하늘로 돌아가고, 달이 큰 바다에 졌도다. 종일토록 부는 바람이 골짜기에 울부짖으니 그 소리가 마치 호계(虎溪)[21]의 물이 오열하는 듯하고, 쌓인 눈이 소나무를 꺾으니 그 색깔이 마치 곡수(鵠樹)[22] 같았다. 사물이 감응함도 이렇듯 극진하였으니, 사람의 슬픔이야 헤아릴 만하다. 이틀 밤이 지난 뒤 현계산(賢溪山)에 임시로 묻었다가, 1년 뒤에 희양산의 들

---

[19] 정대춘(井大春): 후한(後漢) 때의 은사(隱士).
[20] 병통을~벗어나게 하였으니: '병통을 병통으로 여기는 자'란 지증 대사가 뒤에 가마를 탄 것을 병통으로 생각한 자를 가리키고, '어진 이를 어진 이로 여기는 자'란 지증 대사가 일찍이 가마를 타지 않은 일을 훌륭하게 생각한 자를 가리킨다.
[21] 호계(虎溪): 동진(東晉) 때 여산(廬山)의 고승 혜원(慧遠)이 거처하던 동림사(東林寺) 부근에 있던 시내로, 훗날 혜원이 열반에 들자 호계의 물이 오열하는 듯했다고 한다.
[22] 곡수(鵠樹): 석가모니가 열반에 들자 보리수나무가 색이 변하여 희기가 마치 고니〔鵠〕같았다. 그래서 '곡수'(鵠樹: 고니처럼 흰 나무라는 뜻)라고 불렀다.

판으로 이장(移葬)하였다. (…중략…)

지증 대사가 일생 동안 이룩한 높은 행적 여섯 가지를 차례로 서술한 부분이다. 지증 대사 적조탑비는 현재 경상북도 문경시 희양산 기슭의 봉암사 경내에 있다.

추모의 노래

공자는 인(仁)에 의지하고 덕(德)에 기대었으며
노자는 흰 것 알면서도 검은 것 지켰네.
두 교(敎)만이 천하의 법으로 일컬어져
석가의 가르침은 그와 겨루기 어려웠지만
십만 리 밖 서역의 거울이 되었고
일천 년 뒤 동방의 촛불이 되었네.
계림은 금오산(金鰲山)[1]의 곁에 있어서
예부터 선인(仙人)과 유자(儒者)에 비범한 이 많았네.
다행스럽게도 세월이 흐른 뒤
불교가 전래되어 공(空)과 색(色)을 분변케 되었네.
이로부터 여러 종파로 나뉘게 되고
언로(言路)가 널리 펼쳐질 수 있었네.
몸은 토굴(兎窟)에 있어도 마음은 쉬게 하기 어렵고
교파(敎派)는 여럿 생겼어도 의혹은 외려 커지기만 하네.
불법(佛法)이 순탄하게 흐를지 정녕 헤아리기 어려워
마음으로 도를 얻어 진여(眞如: 불교의 진리)를 감싸안았도다.
깨달음은 무심을 깨달았으나
침묵은 수매미가 울지 않는 것과 달랐네.[2]

1_ 금오산(金鰲山): 경주의 남쪽 산.
2_ 침묵은~달랐네: 옛날엔 수매미가 울지 않는다고 여겼던바, 지중 대사는 침묵할 때는 침묵하면서도 강설(講說)할 때는 강설도 했으니 울지 않는 수매미와는 다르다는 말이다.

북산(北山)의 도의(道義)와 남악(南岳)의 홍척(洪陟)은[3]

홍곡(鴻鵠)과 대붕(大鵬)의 날개를 펼쳤네.[4]

해외에서 때맞춰 돌아오매 도(道)는 누르기 어려웠고

멀리 뻗는 선(禪)의 물줄기 막을 수 없었네.

다북쑥이 삼대 속에 있으면 절로 곧을 수 있고[5]

구슬이 자기한테 있는 줄 알아 남에서 빌리는 일 그만두었네.[6]

현계산의 불제자들이여!

열두 인연[7]이 헛된 꾸밈 아니로다.

무엇 땜에 온갖 고생하며 설산(雪山)을 넘겠으며[8]

무엇 땜에 문자에 의지하리오.[9]

저들은 혹 멀리서 배우고 고생 끝에 왔지만[10]

나는 고요히 앉아서 도를 깨쳤도다.

잘못된 의념(意念)을 갖지 말고

심전(心田 : 마음밭)을 잘못 일구지 말며,

부질없이 헛된 공덕 논하지 말고

마음을 어디에 머물지 마라.[11]

덕행의 향기는 사방에 치자꽃 향기처럼 퍼졌고

자혜로운 교화는 나라를 편안케 했네.

임금의 부름 받아 궁궐에 들어가

---

[3] 북산(北山)의~홍척(洪陟)은: '북산'은 설악산을 이르고 '남악'은 지리산을 이른다. '도의'는 신라의 승려로 일찍이 중국에 건너가 서당(西堂) 지장 선사(智藏禪師: 마조 도일馬祖道一의 제자임)에게서 법을 이어받고 백장(百丈) 회해(懷海)에게서 법요(法要)를 받았다. 821년(헌덕왕 13) 귀국하여 설악산 진전사(陳田寺)에서 40년을 수도했으며, 가지산(迦智山) 선파(禪派)의 제1세 조사(祖師)가 되었다. 홍척 역시 신라의 승려로 헌덕왕 때 당나라에 가서 지장 선사의 법을 전해 받고 흥덕왕 초기에 귀국하여 지리산 아래에 실상사를 근본 도량으로 삼아 실상산파를 열었다. 당나라에 가서 법을 전해 받아 온 것은 도의보다 나중이나 문파(門派)를 이룬 것은 신라 말의 9산문(山門) 가운데 맨 처음이다. 지증 대사는 이들보다 두어 세대 뒤의 인물이다.

물에 비친 달이 곧 마음이라고 해 선(禪)을 깨우쳤네.

대사께서 어찌 궁궐에 머무심 좋아했겠나?

썩은 선비[12]의 붓으로 대사의 정상(情狀) 들추기 부끄럽구나.

발자취 빛나 탑에 이름 새길 만한데

재주가 모자라 글짓기 어렵기만 하네.

선열(禪悅)[13]에 흠뻑 취하려거든

이 산중에 와 탑의 비명(碑銘) 보기 바라네.

4_ 홍곡(鴻鵠)과~펼쳤네: 홍곡, 즉 큰기러기는 한번 날면 천 리를 날고, 대붕은 한번 날면 만 리를 난다고 한다.
5_ 다북쑥이~곧을 수 있고: 다북쑥이 삼대 속에 있으면 삼대의 곧음 때문에 스스로 곧게 자란다. 그처럼 훌륭한 스승 밑의 제자는 스스로 훌륭해질 수 있다.
6_ 구슬이~그만두었네: 일심(一心), 즉 진여(眞如)는 자기에게 있는 것이지 밖에서 찾아야 하는 것이 아니라는 말이다.
7_ 열두 인연: 지중 대사의 여섯 가지 기이한 감응과 여섯 가지 높은 행적을 이른다.
8_ 무엇 땜에~넘겠으며: 지중 대사가 중국에 가지 않고 이 땅에서 득도한 일을 이른다.
9_ 무엇 땜에~의지하리오: 지중 대사가 문자에 의지하지 않고 득도한 일을 이른다.
10_ 저들은~왔지만: 도의(道義)와 홍척(洪陟)을 가리킨다.
11_ 마음을~머물지 마라: 어디에 집착하거나 정주(定住)하지 말고 자유자재(自由自在)의 마음을 가지라는 뜻. 이상의 4행은 제자들에게 경계한 말이다.
12_ 썩은 선비: 최치원 자신을 겸손히 이른 말이다.
13_ 선열(禪悅): 선(禪)의 기쁨.

참 이상한 이야기

신기한 석남 꽃가지

신라 사람 최항(崔伉)의 자(字)는 석남(石南)이다. 그에게는 사랑하는 여인이 있었는데, 부모님의 반대로 몇 달간 그녀를 만나지 못했다. 그러던 어느 날 항이 갑자기 죽어 버렸다. 죽은 지 8일째 되던 날 한밤중에 항이 여인의 집으로 찾아갔다. 그녀는 항이 죽었다는 사실을 모른 채 크게 기뻐하며 그를 맞이했다. 항은 제 머리에 꽂고 있던 석남 꽃가지[1]를 그녀에게 건네며 이렇게 말했다.

"부모님께서 드디어 우리가 같이 사는 걸 허락하셔서 내가 온 거라오."

그리고는 여인을 데리고 자기 집으로 돌아갔다. 그런데 항이 담을 넘어 집 안으로 들어간 뒤 날이 새도록 아무 소식이 없었다. 그 집안사람이 나와 보고, 여인에게 왜 여기에 와 있느냐며 따져 물었다. 그녀는 지난밤 일을 자세히 말해 주었다. 그러자 집안사람이 이렇게 말했다.

"우리 항이는 8일 전에 죽었소. 오늘이 장례 치르는 날인데 왜 그런 말도 안 되는 소리를 하시오?"

"낭군께서 저에게 꽂고 계시던 석남 꽃가지를 나누어 주셨

1_ 석남 꽃가지: '석남'은 진달래과의 나무로, 병(病)을 고치는 데 두루 효험이 있다 하여 '만병초'(萬病草)라고도 불린다. 5~6월경에 흰색 또는 연분홍색 꽃이 가지 끝에 핀다.

으니, 이걸 증거로 삼아 주세요."

마침내 관을 열어 보니 정말로 시신의 머리에 석남 꽃가지가 꽂혀 있고, 이슬에 젖은 옷을 입은 채 신발이 신겨져 있었다. 비로소 그가 죽었다는 걸 알게 된 여인이 통곡하다 숨이 끊어질 듯하자 항이 다시 살아났다. 두 사람은 그후 20년간 해로하다 생을 마쳤다.

알에서 나온 아이

    용성국(龍城國)[1]의 왕비가 큰 알을 낳았다. 참 해괴한 일이라 그 알을 작은 궤짝에 넣은 뒤, 배에 노비를 태우고 일곱 가지 보물을 글과 함께 실어 바다로 띄워 보냈다. 배가 아진포(阿珍浦)에 이르렀을 때, 그 마을 촌장인 아진(阿珍)과 몇몇 사람이 궤짝을 열어 보니 알이 나왔다. 어디선가 까치가 날아와 알을 쪼아 깨뜨리자 한 사내아이가 나왔는데, 스스로를 '탈해'(脫解)라 하였다. 마을 할미에게 맡겨진 탈해는 경서와 역사를 공부하여 지리(地理)에 두루 통달하고, 헌걸찬 모습으로 자라났다.

    어느 날 토함산(吐含山)[2]에 올라 수도의 땅 기운을 살펴보니, 신월성(新月城) 언덕이 거처하기에 좋아 보였는데 호공(瓠公)이란 사람이 거기 살고 있었다. 호공은 표주박을 타고 바다를 건너와 살고 있었는데 어떤 사람인지는 알지 못했다. 탈해는 그 땅을 빼앗으려고 꾀를 내었다. 밤에 그 집 마당에 들어가 몰래 쇠 달구는 물건을 묻고 조정에 가 이렇게 말했다.

    "저희 조상은 대대로 대장장이 일을 해 왔습니다. 그런데 잠시 제가 이웃 마을에 가 있는 동안 호공이란 자가 제 집을 빼앗아 살고 있으니 이를 입증하도록 해 주십시오."

---

[1]_용성국(龍城國): 다파나국(多婆那國) 또는 정명국(正明國)으로 불린 나라로, 일본에서 동북쪽으로 1천 리 되는 거리에 있었다고 한다. 용성국에 대한 이 주석은 『삼국사기』, 『삼국유사』 등의 기록을 따른 것이며, 최치원의 이 글에는 2천 리라고 기록되어 있다.
[2]_토함산(吐含山): 경주에 있는 산.

땅을 파 보니 과연 쇠 달구는 물건이 나왔다. 왕은 탈해가 진짜 신라 사람이 아닌 줄을 알고 있었지만 그의 비범한 면에 특히 반해 그에게 그 집을 하사하고 마침내 맏공주를 시집보냈다. 용성국은 왜국(倭國)의 동북쪽 2천 리에 있다.

영오와 세오

동해 바닷가에 한 부부가 살고 있었다. 남편의 이름은 영오라 하고, 아내의 이름은 세오라 했다. 하루는 영오가 바닷가에서 해초를 따다가 갑자기 바닷물에 휩쓸려 일본의 작은 섬에 이르렀는데 그곳에서 왕이 되었다. 남편을 찾아 나선 세오 역시 바닷물에 휩쓸려 같은 나라에 이르러 왕비가 되었다. 이때 신라에는 해와 달의 빛이 사라지게 되었으니, 천문(天文)을 관장하는 신하가 왕에게 이렇게 아뢰었다.

"영오와 세오는 해와 달의 정기(精氣)를 지니고 있는데, 두 사람이 지금 일본으로 가 버려 이런 해괴한 일이 생겼습니다."

왕이 사신을 보내 두 사람이 돌아오기를 청하였으나, 영오는 이렇게 답했다.

"내가 여기 온 것은 하늘의 뜻이오."

그리고는 세오가 짠 비단을 사신에게 주면서 말했다.

"이걸로 하늘에 제사를 지내면 될 거요."

마침내 하늘에 제사를 지낸 곳을 '영일'(迎日)이라 이름 하고, 거기에 현(縣)을 설치하였다. 신라 아달왕(阿達王) 4년(157)의 일이다.

변신하는 노인

　신라 때에 어떤 노인이 김유신(金庾信)의 집 앞을 서성이고 있었다. 유신은 그의 손을 이끌어 집으로 데려와 음식을 대접하였다. 유신이 노인에게 말했다.
　"옛날처럼 변신할 수 있나요?"
　그러자 노인은 호랑이로 변했다가 닭으로 변했다가 매로 변하더니만 마지막에는 집에서 키우는 강아지로 변해 밖으로 나가 버렸다.

대나무 속의 두 미녀

　김유신(金庾信)이 서쪽 고을에 갔다가 경주로 돌아오는 길이었다. 이상한 나그네가 앞서 걸어가는데 그 머리 위에 심상치 않은 기운이 느껴졌다. 나무 아래서 쉬는 걸 보고 유신 역시 쉬다가 잠든 체하였다. 나그네는 행인들의 걸음이 끊어졌나를 살피고는 품 속을 뒤져 대나무 통 하나를 꺼내 흔드니 두 명의 미녀가 대나무통에서 나와 함께 앉아 이야기를 나누었다. 미녀들이 다시 통 안으로 들어가자 그는 통을 품속에 간직하고 일어나 길을 갔다. 유신이 따라가 이것저것 물었는데 말투가 온화한 사람이었다. 두 사람은 경주까지 동행하였다. 유신이 나그네를 이끌고 남산(南山) 밑에 이르러 소나무 아래에서 잔치를 베푸니 두 미녀도 나와 동참하였다. 나그네가 이렇게 말했다.
　"저는 서해에 살면서 동해에 사는 여자들에게 장가를 갔습니다. 그래서 아내들과 함께 장인, 장모를 뵈러 가는 길입니다."
　얼마 안 되어 비바람이 쳐 하늘이 컴컴해지더니, 그는 홀연 사라져 버렸다.

지혜로운 선덕 여왕

당나라 태종(太宗)이 모란 씨와 모란 그림을 보내왔다. 선덕 여왕(善德女王)[1] 이 그림 속 꽃을 보고 좌우의 신하들에게 웃으며 말했다.

"이 꽃은 어여쁘고 부귀한 모습을 지녀 꽃의 왕이라 불리나, 날아드는 벌과 나비가 안 보이니 아마 향기롭진 않을 거요. 황제께서 이를 내게 보내신 건 짐이 여자로서 어찌 왕이 되었느냐는 숨은 뜻을 담으신 듯하구려."

모란 씨를 심은 뒤 꽃이 피기를 기다렸는데 과연 향기가 나지 않았다.

---

[1] 선덕여왕(善德女王): 632~647년에 재위한 신라의 제27대 왕.

사랑 때문에 타 버린 남자

지귀(志鬼)는 신라 활리역(活里驛)[1] 사람이다. 그는 선덕여왕의 아름다움을 사모하여 슬픔에 잠겨 눈물을 흘렸다. 그래서 모습이 초췌하였다. 마침 여왕이 절에 행차하여 분향할 참이었는데 여왕은 지귀의 이야기를 듣고 그를 만나 보겠다고 했다. 지귀는 절에 가 탑 아래에서 행차가 오기만을 기다리다가 문득 깊은 잠에 빠져 버렸다. 여왕은 팔찌를 벗어 잠든 그의 가슴에 얹어 두고 궁으로 돌아갔다. 얼마 뒤 잠에서 깨어난 지귀는 너무도 기막혀 쓰러졌는데, 한참이 지나자 심장에 불길이 일어 탑을 태우고 그 자리에서 불귀신이 되어 버렸다. 여왕이 주술사(呪術士)에게 주문을 지으라는 명을 내렸다.

지귀 마음속의 불길이
제 몸 태워 불귀신으로 만들었네.
먼 푸른 바다 밖으로 가
보이지도 말고 가까이 오지도 말라.

당시 풍속에 이 주문을 문이나 벽에 붙여 화재를 막았다.

---

[1] 활리역(活里驛): 신라 시대 경주에 있던 역 이름.

호랑이 여인

　신라 풍속에 매년 2월이 되면 초파일부터 15일까지 도성의 남녀들이 다투어 흥륜사(興輪寺)[1]의 전탑을 돌며 복을 비는 모임을 가졌다. 원성왕(元聖王) 때에 김현(金現)이란 젊은이가 있었는데 밤이 깊도록 홀로 탑을 돌고 있었다. 어떤 처녀가 염불을 외며 따라 돌았는데 남다른 감정을 느껴 눈길을 주었다. 탑돌이를 마치자 으슥한 곳으로 데리고 들어가 사랑을 나누었다. 여인이 돌아가려 할 때 현이 따라 나서자 거부하였으나 현은 억지로 따라갔다.
　서산 기슭에 이르러 한 초가집에 들어가자 어떤 노파가 여인에게 물었다.
　"데려온 이가 누구냐?"
　여인이 속내를 털어놓자 노파가 말했다.
　"좋은 일이다만 그러지 않았음만 못하다. 허나 이미 일어난 일이니 나무라기만 할 수도 없구나. 은밀한 데 숨긴다 하더라도 네 형제들이 악하니 두렵다."
　그리하여 현을 데리고 가 구석에 숨겨 놓았다. 얼마 안 되어 호랑이 세 마리가 으르렁대며 나타나 사람의 말을 하였다.

---

[1] 흥륜사(興輪寺): 지금의 경상북도 경주시 사정동(沙正洞)에 있던 신라 시대 사찰.

"집에 비린내가 나니 다행히 요기를 할 수 있겠구나!"

노파와 여인이 핀잔하며 말했다.

"코가 이상해졌나? 별 미친 소리를 다 하네!"

그때 하늘이 말하였다.

"너희 무리는 여러 생물의 목숨을 해친 일이 매우 많으니 마땅히 한 놈을 죽여 악행을 징계하리라!"

세 호랑이는 그 말을 듣고 모두 근심하는 기색이었다. 여인이 말했다.

"세 분 오라버니께서 멀리 피신을 가 자중하신다면, 제가 그 벌을 대신 받겠어요."

모두 기뻐하며 머리를 숙이고 꼬리를 내리고는 달아나 버렸다.

여인이 들어가 현에게 말했다.

"처음에 저는 당신이 욕되게 저희 집안에 오시는 걸 막았더랬지요. 이젠 숨길 게 없으니 감히 속마음을 털어놓을게요. 더구나 저와 낭군은 비록 다른 유(類)이기는 하나, 하룻밤의 즐거움을 함께 했으니 그 의리가 부부의 정만큼이나 소중하니까요. 세 오라버니의 악행을 하늘이 미워하였으니 우리 집안에 내린 재앙은 제가 감당하고자 합니다. 다만 아무 사람의 손에 죽느니 낭군의 칼에 쓰러져 은덕을 갚는 게 나을 테지요? 제가 내일 저자에 들어가 사람들을 해치는 일을 꾸미더라도 나라 사람들은 제게 어찌할 수 없을 터이니, 대왕께서는 필시 중한 벼슬을 걸고 사람을 모집해 저를 잡으라 하실 겁니다. 그럼 당신은 겁내지 마시고 성 북쪽의 숲까지 저를 추격해 오세요. 제가 거기서 기다리고 있을게요."

현이 말했다.

"사람은 사람과 사귀어야 마땅하고, 다른 유(類)와 사귀는 건 정상적인 일은 아니오. 허나 이미 일이 잘 처리되었으니 진실로 천행(天幸)이라 하겠건만, 내 어찌 차마 배필의 죽음을 팔아 벼슬과 녹(祿)을 얻겠소?"

여인이 말했다.

"낭군께서는 그런 말 마세요. 지금 제가 일찍 죽는 건 천명(天命)이고, 제가 원하는 바이며, 낭군께 경사가 되고, 제 족속에게는 복이 될 것이며, 나라 사람들에게는 기쁨이 될 겁니다. 제가 한 번 죽음으로 인해 다섯 가지 득이 갖추어지게 되니 이를 어찌 어기겠어요? 다만 저를 위해 절을 세우고 불법(佛法)을 강(講)하게 하여 좋은 업보를 받게 해 주신다면 낭군의 은혜가 그보다 크실 수 없을 거예요."

이튿날 과연 사나운 호랑이가 성안에 들어와 심히 포악하게 구니 감당할 자가 없었다. 원성왕이 그 소식을 듣고 명을 내렸다.

"호랑이를 잡는 사람에게 벼슬을 2등급 특진시키겠노라."

현이 대궐에 나아가 아뢰었다.

"소신(小臣)이 할 수 있습니다."

이에 먼저 작위를 내려 그를 격려하였다.

현이 단검을 가지고 숲 속으로 들어가니 호랑이가 처녀로 변해 기뻐하며 미소를 짓고 있었다.

"어젯밤 낭군과 깊은 사랑을 나눈 일을 잊지 마세요. 오늘 제 발톱에 상처를 입은 이들은 모두 흥륜사의 장(醬)을 상처 난 데 바르고, 그 절의 나팔 소리를 들으면 치유될 거예요."

그리고는 현이 차고 있던 칼을 뽑아 스스로 목을 찌르고 쓰러졌는데 곧 호랑이였다. 현이 숲에서 나와 거짓으로 말했다.

"방금 이 호랑이를 잡았소!"

현은 그 사연은 숨긴 채 말하지 않았다. 다만 일러 준 대로 치료하니, 다친 사람들의 상처에 모두 효과가 있었다. 지금도 민간에서는 그 방법을 쓰고 있다.

현은 벼슬을 하게 되자 서천(西川) 가에 절을 짓고 '호원사'(虎願寺)라 이름하였다. 항상 『범망경』(梵網經)[1]을 강설하여 호랑이의 저승길을 인도하고, 살신성인(殺身成仁)의 은혜에 보답하였다.

---

[1] 『범망경』(梵網經): 대승 불교 경전의 하나.

현은 죽음에 이르러 전날의 기이한 일에 깊이 감동하여 붓을 들어 전(傳)을 지었다. 비로소 세상에서 그 사연을 알게 되어 그 숲을 '논호림'(論虎林)[2]이라 이름 붙였으니 지금도 일컬어지고 있다.

---

[2] 논호림(論虎林): 지금의 경상북도 경주시 황성동(隍城洞)에 있는 황성공원 일대의 숲.

원광 법사

원광 법사(圓光法師)의 속성(俗姓)은 설씨(薛氏)이고, 왕경(王京: 경주) 사람이다. 처음에 승려가 되어 불법(佛法)을 배우다가 30세가 되어 조용히 거처하며 도를 닦고자 하여 홀로 삼기산(三岐山)에서 살았다. 4년이 지나 어떤 비구(比丘)가 찾아왔다. 그는 멀지 않은 곳에 거처하며 따로 암자를 지어 2년간 살았다. 사람됨이 강하고 용맹스러우며 주술 익히기를 좋아하였다.

법사가 밤에 홀로 앉아 불경을 외고 있는데, 갑자기 그의 이름을 부르는 신(神)의 소리가 들렸다.

"훌륭하다, 훌륭해! 너의 수행함이! 도를 닦는 자가 많긴 하나 법대로 하는 자는 드물다. 지금 네 이웃에 사는 비구를 보면 주술을 쉽게 익히고자 하나 얻는 바가 없다. 크게 떠드는 소리로 다른 이가 고요히 생각하는 걸 괴롭히며, 또 그 사는 곳이 내가 다니는 길을 막고 있으니 매번 오갈 때마다 그를 미워하는 마음이 생긴다. 법사가 나를 위해 그에게 거처를 옮기라고 말해 달라. 만약 그자가 그곳에 오래 머문다면 내가 갑자기 죄업(罪業)을 저지르게 될까 두렵다."

다음날 법사가 그에게 가서 말했다.

"제가 어젯밤에 신의 말씀을 들었는데, 스님께서 다른 거처로 옮기셔야겠습니다. 그렇지 않으면 재앙이 있을 듯합니다."

비구가 대답하였다.

"지극하게 수행하는 사람도 마귀에게 현혹됩니까? 법사께서는 어찌 여우 귀신의 말을 두려워하십니까?"

그 밤에 신이 또 나타나 말했다.

"지난번에 내가 말한 일에 대해 그 비구가 어떤 대답을 하더냐?"

법사는 신이 진노할까 두려워하며 대답하였다.

"말을 다 하지 못했습니다만, 강하게 설득한다면 어찌 듣지 않겠습니까?"

신이 말했다.

"내 이미 다 들었거늘 법사는 어찌 보태어 말하는가? 잠자코 내 하는 바를 보기만 하라."

그렇게 말하고는 가 버렸다.

그날 밤중에 벼락 치는 것 같은 소리가 났다. 다음날 보니, 산이 무너져 비구가 살던 암자가 묻혀 버렸다. 신이 또 나타나서 말했다.

"법사가 보기에 어떻던가?"

법사가 대답했다.

"매우 놀랍고 두렵습니다."

신이 말했다.

"내 나이가 거의 3천 살이고 신술(神術)이 최고 경지에 이르러 이런 건 사소한 일이거늘 어찌 놀라는가? 뿐만 아니라 장래의 일에 대해서도 모르는 바가 없고, 천하의 일에 대해 말하지 못할 게 없다. 지금 생각건대 법사가 오직 이곳에만 거처하면 스스로를 이롭게 하는 수행은 되겠으나, 다른 사람을 이롭게 하는 공(功)은 없다. 현재에 높은 이름을 드날리지 않으면 미래에 빼어난 과업을 이루지 못할 것이다. 어찌 중국에서 불법을 취하여 동해(東海: 신라)의 미혹한 무리들을 인도하지 않는가?"

"중국에서 도를 배우는 일은 본래부터 원하던 바였으나, 바다와 육지로 멀리 막혀 있어 스스로 가지 못했을 뿐입니다."

신은 중국으로 가는 방법을 상세하게 일러 주었다.

법사는 신의 말에 따라 중국에 가서 11년간 머물며 삼장(三藏)[1]_에 널리 통달하고 유학을 겸해 배웠다. 진평왕(眞平王) 22년 경신년(600)에 법사는 행장을 정리하고 돌아오려 하던 차에 중국에 온 조빙사(朝聘使)[2]_를 따라 귀국하게 되었다. 법사는 신에게 감사를 드리러 전에 살던 삼기산의 절에 이르렀다. 밤중에 신이 또 찾아와 그의 이름을 부르며 말했다.

"바다와 육지로 가로막힌 길을 어찌 왕래하였는가?"

1_ 삼장(三藏): 경(經), 율(律), 논(論)을 말한다. '경'은 불경을, '율'은 계율에 관한 책을, '논'은 불교 교리를 논한 책을 이른다.
2_ 조빙사(朝聘使): 신라의 사신.

법사가 답했다.

"신의 넓은 은혜를 입어 평안히 다녀왔습니다."

신이 말했다.

"나 또한 법사에게 수계(受戒)³를 받겠노라."

그리고는 생생상제(生生相濟)⁴의 약속을 맺었다. 또 청하여 말하였다.

"신의 진짜 모습을 뵐 수 있을지요?"

신이 말했다.

"법사가 내 모습을 보고자 한다면 동틀 무렵에 동쪽 하늘의 끝을 보거라."

법사가 다음날 동쪽 하늘 끝을 바라보니 큰 팔뚝이 구름을 뚫고 하늘 끝에 닿아 있었다. 그날 밤 신이 또 찾아와 말했다.

"법사는 나의 팔뚝을 보았는가?"

신이 대답하였다.

"몹시 기이하고 이상했습니다."

이 때문에 세상에서는 삼기산을 비장산(臂長山)⁵이라고도 부르게 되었다.

신이 말했다.

"비록 육신이 있긴 하나, 무상(無常)⁶의 해를 면할 수 없으므로 나는 얼마 안 가 그 고개에 이 몸을 버릴 것이니, 법사는 와

3_ 수계(受戒): 불교의 계율을 이른다. 불교의 계율에는 '살생하지 말라', '도둑질하지 말라', '거짓말하지 말라'는 등의 5계(戒)가 있는가 하면, 10계(戒), 구족계(具足戒)도 있다. 이 계를 받아야 불교 신자나 승려가 될 수 있다.
4_ 생생상제(生生相濟): 미래세(未來世)에 태어날 때마다 서로 불법으로 구제해 주는 것을 이른다.
5_ 비장산(臂長山): '팔뚝이 긴 산'이라는 뜻이다.
6_ 무상(無常): 상주(常住)하는 것이 없다는 뜻으로, 태어나고 죽고 흥하고 망하는 모든 일이 덧없음을 이르는 말이다.

서 영영 떠나는 내 혼을 전송하라."

　약속한 날을 기다려 가서 보니 늙은 여우 한 마리가 있었는데 옻칠한 듯이 까맸으며, 숨을 쉬지 못하고 헉헉거리다가 곧 죽어 버렸다.

　법사가 중국에서 돌아온 뒤, 우리나라의 왕과 신하가 그를 존중하여 스승으로 삼으니 항상 대승경전(大乘經傳)을 강의하였다. 이때 고구려와 백제가 늘 변경을 침입하였으므로 왕이 매우 근심하여 수(隋)나라에 군사 지원을 얻고자 법사에게 군대를 요청하는 글을 지어 달라고 부탁하였다. 수나라 황제는 법사가 쓴 글을 보고 30만 군사를 이끌고 와 친히 고구려를 정벌하였다. 이 일로 법사가 유학에도 통달하였음이 알려지게 되었다. 향년 84세에 입적(入寂)7_하니 명활성(明活城)8_ 서쪽에 장사 지냈다.

7_ 입적(入寂): 승려의 죽음을 이르는 말이다.
8_ 명활성(明活城): 신라 시대에 경주 동쪽에 있던 성.

살아 돌아온 보개의 아들

보개는 우금방(隅金坊)이라는 동네의 여자다. 그 아들 장춘(長春)이 장사차 바다 건너로 떠난 지 수년이 되도록 어디 있는지를 알지 못했다. 보개가 민장사(敏藏寺) 관음보살 앞에 나아가 기도한 지 7일 만에, 아들 장춘이 돌아와 어미의 손을 잡았으니 어미는 놀라고 기뻐하며 울었다. 절 사람들이 그간의 사연을 묻자 장춘은 이런 이야기를 들려주었다.

"바다에서 검은 바람을 만나 배와 노가 모두 부서지고 함께 있던 사람들은 전부 물에 빠져 죽었지요. 저는 널빤지 하나를 타고서 간신히 오(吳)[1] 지방에 다다랐는데, 그곳 사람들이 저를 가두고 노예로 삼아 밭을 갈게 했습니다. 그런데 홀연 한 스님이 제게 와 이렇게 말씀하시더군요.

'네 나라를 기억하느냐?'

저는 바로 무릎을 꿇고 대답했지요.

'제게는 노모가 계시니 그리운 마음 한량없습니다.'

그러자 스님은 이리 말했습니다.

'네 어머니가 그립거든 나를 따라오너라.'

그 말을 듣고는 함께 길을 나섰지요. 제가 스님을 따라 길을

1_ 오(吳): 지금의 중국 강소성(江蘇省) 소주(蘇州) 일대.
2_ 천보(天寶): 당나라 현종(玄宗)의 연호.

가다 보니 깊은 도랑 하나가 나왔습니다. 스님은 제 손을 잡고 그 도랑을 뛰어넘었는데 꿈처럼 아득했습니다. 그때 문득 우리나라 사람 말소리가 들리고 우는 소리도 들려 꿈인가 했으나 아니었습니다."

절의 승려가 이 사건의 전말을 나라에 보고하니, 나라에서는 이번 일의 영험(靈驗)함을 높이 평가하여 재화와 전지(田地)를 관음보살이 있는 곳에 보냈다.

천보(天寶)[2] 4년(745) 4월 8일 오후 4시 무렵 중국의 오(吳) 지방을 떠난 사람이, 오후 8시 무렵 신라의 민장사에 도착했던 것이다.

『수이전』(殊異傳)에 실린 열 편의 이야기들이다. 『수이전』은 신라 시대에 민간에 전해지던 이야기를 모아 최치원이 새롭게 창작한 흥미로운 책이다. 다만 원래의 책은 일실(逸失)되어 전하지 않는바, 여기에 소개한 이야기들은 다른 문헌에 실려 전해 온 작품들이다. 『수이전』은 고려 시대에 박인량(朴寅亮)이 증보한 바 있고, 김척명(金陟明)이라는 문인 역시 자기대로 개작을 한 것으로 알려져 있다.

해설

1

고운 최치원(孤雲 崔致遠, 857~?)은 한국 문학사의 맨 앞에 우뚝 서 있는 위대한 산이다. 유구한 한국문학사 전체를 보더라도 그만큼 높은 봉우리는 정말 손으로 꼽을 만큼밖에 되지 않는다. 그는 시와 문에 모두 능했을 뿐 아니라 유·불·선에 두루 통달했고, 특히 불교의 오의(奧義: 심오한 뜻)에 깊은 조예가 있었다. 말하자면 그는 당대의 독보적 지성이었다. 컴컴한 밤 같은 신라 말기에 시대와 타협하기를 거부하고 선비로서의 양심을 끝까지 견지하다 홀로 빛을 발하며 스러져 간 외로운 존재였다.

그에게는 신라에 귀국한 후 지은 글을 모아 놓은 문집 수십 권이 있었다고 하나, 이른 시기에 실전(失傳)된 듯하며 조선 시대에 들어와 일부 시문만이 이런저런 문헌을 통해 전해 왔을 뿐이다. 그러다가 1926년, 최치원의 후손이 그동안 전해 오던 글들을 모아 목판(木版)으로 『고운선생문집』(孤雲先生文集)을 간행한 바 있다. 그가 지은 방대한 시문의 전모를 보지 못함은 퍽 애석한 일이지만, 일부 작품이나마 전해 온 것은 불가사의한 일일뿐더러 우리 후인들에게는 축복이라고 생각된다. 게다가 최치원이 중국에 있을 때 지은 글들을 엮은 책인 『계원필경집』(桂苑筆耕集)이 온전히 전해 와 우리의 아쉬움을 달래 준다.

최치원은 단지 신라에서만이 아니라 중국에서도 문명(文名)을 떨쳤다. 일찍이 고려 후기의 문학가 이규보는 최치원처럼 당나라에서 문명을 떨친 위대한 문학가의 전기가 『당서』(唐書) 열전(列傳)에 실리지 못한 것은 최치원이 신라인이기에 그의 문재(文才)를 시기한 때문이라며 중국인의 편협함을 비판한 바 있다. 역사의 아이러니인지는 모르지만 최근 중국인들은 한중 교류의 원조(元祖)라 기념하여 양주(揚州)에 큰 기념관을 지어 그를 기리고 있다고 한다. 이런 점에서 보면 최치원은 한국과 중국 양국에서 모두 중요한 인물인 셈이다. 최치원은 당시 세계 제국이었던 당(唐)에서도 통용되는 보편성의 높이에 도달한 빼어난 문학가였을 뿐만 아니라, 신라인으로서의 긍지와 자부심을 잃지 않은 작가였다. 바로 이 점이 오늘날의 우리가 특히 눈여겨봐야 할 대목이 아닌가 한다.

2

최치원은 열두 살 나이에 해외 유학길에 오른, 이른바 조기 유학생이었다. 당시 중국 당나라에서는 외국인을 상대로 빈공과(賓貢科)라는 과거 시험을 실시하였다. 그래서 신라인 중에 당의 국자감(國子監)에 입학하여 빈공과를 준비하는 이가 많았는데, 최치원도 그 경우였다.

> 제가 열두 살 때, 집을 떠나 서쪽으로 가고자 배를 타려 할 때 돌아가신 아버지께서는 이렇게 훈계하셨습니다.
> "십 년 안에 과거에 급제하여 진사(進士)가 되지 못하면 내 아들이라고 말하지 말거라, 나 또한 자식이 없다고 생각할 테니. 가서 부지런히 공부에 힘을 다하거라."
> 저는 그 엄하신 말씀을 마음에 새겨 잠시도 잊지 않고 상투를 대들보에 걸어매고 송곳으로 허벅지를 찔러 가며 조금도 게으름을 피우지 않았습니다. 아버지의 뜻을 받들고자 실로 남이 백 번 하면 저는 천 번 하는 노력을 하여, 유학길에 오른 지 6년 만에 제 이름이 합격자 명단에 올랐습니다.
>
> ―『계원필경집』 서문」 중에

신라인 가운데 그처럼 어린 나이에 빈공과에 합격한 예가 전무후무했을 만큼, 최치원은 대단히 명석하였다. 급제한 2년 뒤, 최치원은 선주(宣州) 율수현위(溧水縣尉)에 제수되었다. 현위는 종9품에 해당하는 관직으로 약관(弱冠)의 외국인에게는 이례적인 대우였으나, 큰 포부를 품었던 최치원은 그에 만족하지 않았다. 그래서 이듬해에 율수현위를 사직하고, 고등 과거 시험인 박학굉사과(博學宏詞科)에 응시하기 위해 장안의 종남산(終南山)에 들어가 공부하였다. 하지만 모아 놓은 녹봉과 양식이 곧 떨어져 다시 일자리를 구해야 하는 고달픈 처지에 놓였다.

그 무렵 최치원이 고변(高騈, 821~887)을 만나게 된 일은, 이후 중국에서의 그의 입지에 지대한 영향을 미친 사건이었다.

사람의 일 중에 자기 자신을 잘 아는 것만큼 중요한 일은 없다. 나는 헛된 말을 하지 않으니 너는 잘 들어라. 근래 우리나라는 더러움을 용납하는 덕이 깊고, 허물을 용서해 주는 은혜가 중하여 너에게 병권(兵權)을 주고 지방을 다스리는 일을 맡겼거늘 너는 도리어 짐새의 독을 품고 올빼미의 흉한 소리를 거두지 아니하여, 개가 사람을 물어뜯고 주인에게 짖는 격이다. (……) 이처럼 천자께서는 너에게 죄를 용서하는 은혜를 베푸셨거늘, 너는 나라에 그 받은 은혜를 배신하는 죄를 지었으니 마땅히 죽을 날이 얼마 남지 않았다. 어찌 하늘을 두려워하지 않느냐!

—「역적 황소(黃巢)에게 보낸 격문」 중에

고변이 제도행영 병마도통(諸道行營兵馬都統)에 임명되어

역적 황소(黃巢)의 토벌에 나설 무렵, 고변의 종사관(從事官)으로서 글 짓는 일을 도맡은 최치원은,「역적 황소(黃巢)에게 보낸 격문」을 지어 명문장가로서 이름을 날리게 되었다. 그렇게 4년간 지은 글이 무려 1만여 편이었다니 그 대단한 필력에 놀라지 않을 수 없다.

그런데 조금 달리 생각해 보면, 그 시절 최치원이 저술한 표(表)·장(狀)·찬(讚) 등의 글이란, 대개 공문서에 해당되는 것으로 업무상의 필요에 따라 대필한 것인바 거기에 최치원 자신의 솔직한 감정과 생각을 담을 수 없었을 터이다. 하지만 시 짓기는 달랐다.

너는 바다 밖에서 새로 불어와
새벽 창가 시 읊는 나를 뒤숭숭하게 하지.
고마워라, 시절 되면 돌아와 서재 휘장 스치며
내 고향 꽃피는 소식을 전하려는 듯하니.

―「봄바람」

눈이 휘날리듯 천만번 거듭하고
물때 따라 오가며 옛 자취 되풀이하네.
그대는 종일토록 신의를 지켰건만

부끄럽게도 나는 시속 좇아 나태하다네.

―「파도」 중에

먼 바닷가 산에는 새벽안개 짙게 깔렸고
백 폭 돛은 만리바람에 펼치어 있네.
슬퍼도 슬퍼 마오 아녀자처럼
헤어진다고 너무 슬퍼할 건 없네.

―「슬퍼도 슬퍼 마오」

이처럼 고향에 대한 그리움, '나'에 대한 성찰, 이별의 슬픔 같은 삶 속의 진실한 소회(所懷)들이 『계원필경』에 수록된 여러 시편에 잘 표현되어 있다.

최치원은 남 보기에 부러움을 살 만한 성공한 유학생이었지만, 실제로는 소국(小國) 출신의 주변인이자 이방인으로서 소외감 내지 절망감을 깊이 느꼈던 듯하다. 그래서인지 남다른 가치를 품고 있음에도 사람들로부터 버림받거나 세상에서 정당하게 인정받지 못하는 존재들에게 각별한 눈길을 보냈다.

가여워라 고운 빛깔로 바닷가에 서 있건만
어느 누가 좋은 집 난간 아래 옮겨 심을까.

뭇 초목과 다른 품격 지녔건만

지나가는 나무꾼이나 한 번 봐 줄는지.

—「진달래」 중에

만고의 자연이 만든 모습 사람이 갈고닦은 것보다 나아

높디높은 꼭대기에 푸른 소라처럼 서 있네.

(…중략…)

아무리 옥을 많이 품은들 누가 돌아볼까

세상 모두 제 몸만 돌볼 뿐 변화(卞和)를 비웃었지.

—「산꼭대기 우뚝한 바위」 중에

흔히 최치원은 당나라 말기에 유학해 주로 만당시(晚唐詩: 당나라 말기의 시라는 뜻)를 배웠기에 시가 위약(委弱: 가늘고 약하다는 뜻)하다고들 전통적으로 평해 왔는데, 꼭 그렇게 볼 것만은 아닌 듯하다. 다음에서 보듯 최치원은 웅대한 스케일과 힘찬 기운의 시를 짓기도 하였다.

푸른 바다에 배 띄우니

긴 바람이 만 리에 통하네.

뗏목 탔던 한(漢)나라 사신 생각나고

불사약 구하러 간 진(秦)나라 동자 떠오르네.

해와 달은 허공 밖에 있고

하늘과 땅은 태극 속에 있네.

봉래산이 지척에 보이니

나 또한 선옹(仙翁)을 찾으리라.

— 「바다에 배 띄우니」

이 시는 웅대한 스케일로 유명한 두보(杜甫)의 명편 「태산」(泰山) 시를 연상케 한다. 또 다른 예를 들어 본다.

바라보니 깃발이 문득 펄럭거려

변방을 가로지르는 군대인가 했네.

사나운 불꽃 하늘을 살라 지는 해를 무색케 하고

미친 연기 들을 막아 지나는 구름을 끊네.

마소 치는 데 방해된다 탓하지 마오

여우 살쾡이 죄다 흩어지니 기쁘지 않소?

다만 두려운 건 바람이 산 위에까지 불어

옥석(玉石) 가리지 않고 모두 태울까 하는 것.

— 「들불」

이 시는 섬약하기는커녕 그 기상이 퍽 씩씩하고 호쾌하다. 특히 첫 두 행은 그 이미지가 대단히 동적(動的)이고 참신하다. 한 편만 더 거론해 본다.

저 높은 바위 꼭대기 하늘에 닿을 듯
바다에 해 돋자 한 송이 연꽃으로 피네.
형세 가팔라 뭇 나무 범접을 못하고
격조 높아 오직 구름과 안개만 벗 삼네.
차가운 달은 새로 내린 눈으로 단장하고
옥 굴리는 맑은 소리 작은 샘에서 솟아나네.
생각건대 봉래산도 다만 이와 같으리니
달밤이면 여러 신선 모이리라.

— 「바위 봉우리」

이 시는 시상(詩想)이 호방할 뿐 아니라, 바위에 아침 해가 비치는 모습을 "바다에 해 돋자 한 송이 연꽃으로 피네"라고 표현한 시행을 통해 사물을 보는 시인의 미적 감수성과 상상력이 얼마나 빼어나고 참신한지 알 수 있다.

최치원이 지은 부(賦)로는 「새벽」 1편이 전해 오는데, 이 작품은 이십 대의 것이라고 하기엔 너무나 사려 깊고도 예리하며 심원한 경지를 보여 준다.

임 그리는 아낙이 자는 깊은 방의

비단창도 점점 밝아지네.

시름에 겨운 이가 누운 옛집의

어둔 창도 밝아 오네.

잠깐 사이 새벽빛이 조금 뚜렷해지더니

새벽 햇살이 빛을 발하려 하네.

줄 지은 기러기 떼 남쪽으로 날아가고,

한 조각 달은 서편으로 기우네.

장사차 홀로 나선 사람 일어났으나

여관 문은 아직도 닫혀 있네.

외로운 성에 주둔하는 백전(百戰)의 용사들에게

호가(胡笳) 소리는 아직 그치지 않네.

다듬이 소리 쓸쓸하고

수풀 그림자 성그네.

사방의 귀뚜라미 소리 끊어지고

먼 언덕에는 서리가 하얗게 내렸네.

(…중략…)

상쾌한 새벽이 되니

내 영혼 푸른 하늘처럼 맑아라.

온 세상에 밝은 해 비치자

어둠이 바위 골짜기로 사라지네.

천 개의 문과 만 개의 창이 비로소 열리고

넓은 천지가 활짝 펼쳐지누나.

—「새벽」 중에

    이처럼 남다른 시선으로 새벽이라는 시간의 본질을 포착하고자 한 시도는, 비단 한국문학사만이 아니라 동아시아문학사 전체를 통틀어 보더라도 그리 흔치 않을 성싶다.

    그러나 제아무리 탁월한 능력을 지녔다 한들, 누구나 자신이 속한 시대와 사회의 한계로부터 제약을 받지 않을 수 없다. 최치원이 귀국을 결심한 884년 무렵, 당나라는 지배 세력의 횡포와 극심한 기근으로 민심이 피폐해져 도처에서 반란이 일어나는 등 그 혼란이 극에 달하였다. 게다가 최치원의 상관(上官)인 고변은 정치적 위기에 처하였다. 신라의 정세 또한 어지러웠지만, 최치원은 고국에서 쓰임을 받아 이상을 펼치고자 마침내 17년간의 중국 활동을 접고 그리운 신라로 돌아오게 되었다.

3

최치원이 이십 대 후반에 엮은 『계원필경집』을 통해 중국에서의 삶과 그 시기의 작품 세계가 잘 알려진 것에 비해, 귀국 후의 삶과 그 시기의 작품 세계는 알려지지 않은 부분이 더 많다. 그 주된 이유는 최치원이 신라에 돌아와 지은 수십 권의 문집이 하나도 전하지 않는 데 있다. 그래도 다행히 『동문선』(東文選) 등의 선집에 최치원의 시와 문(文)이 일부 수록되어 있고, 무엇보다 후대에 책으로 묶여 『사산비명』(四山碑銘)으로 불리게 된 네 편의 비명(碑銘)이 전해 우리의 갈증을 달래 준다. 『사산비명』이란, 고승(高僧)의 행적을 서술한 「지리산 쌍계사 진감 선사 대공탑비명」(智異山 雙谿寺 眞鑑禪師 大空塔碑銘), 「만수산 성주사 낭혜 화상 백월보광탑비명」(萬壽山 聖住寺 朗慧和尙 白月葆光塔碑銘), 「희양산 봉암사 지증 대사 적조탑비명」(曦陽山 鳳巖寺 智證大師 寂照塔碑銘) 3편과, 신라 왕가(王家)의 능원(陵園) 및 거기 따른 사찰에 대해 서술한 「초월산 대숭복사비명」(初月山 大崇福寺碑銘) 1편을 통칭해 이르는 말이다. 현재 진감 선사 비는 하동 쌍계사에 있고, 낭혜 화상 비는 보령 성주사지에 있으며, 지증 대사 비는 문경 봉암사에 있고, 대숭복사비는 경주에 있다. 이 책에서는 신라 고승의 행적을 다룬 3편의 비명만을 소개하였다.

  신라에 돌아온 최치원은 시독 겸 한림학사 수병부시랑 지서서감(侍讀兼翰林學士守兵部侍郎知瑞書監)에 임명되어, 왕명에 따라 글 짓는 일을 담당하였다. 귀국 직후인 885년, 지증 대사를 추모하는 탑에 새길 비명을 지으라는 왕명을 받은 일을 시작으로, 이후에도 왕명에 따라 진감 선사 및 낭혜 화상을 추모하는 비명을 지었다. 즉, 정강왕(定康王)·진성여왕(眞聖女王) 대의 주요 문한(文翰)을 도맡으며 왕실을 대표하는 문사로 자리매김하였던 것이다.

> 도(道)는 사람에게서 멀리 있지 않고, 도를 찾는 사람에게는 국경이 없다. (…중략…)
> 석가모니의 가르침과 주공(周公) 및 공자의 가르침은 그 출발점은 다르지만 귀착점은 하나이다. 지극한 가르침을 배우면서도 이 둘을 함께 받아들이지 못하는 것은 사람들이 두 가지를 동시에 받아들이지 못해서이다. (…중략…)
> 멀리서 이같이 현묘한 도를 전해 와 우리나라를 빛낸 이가 어찌 다른 누구랴? 바로 진감 선사이시다. (…중략…)
> 선사는 성품이 질박하였고, 말을 할 때에는 기교를 부리지 않았으며, 헌 솜옷이나 삼베옷도 따뜻이 여겨 입었고, 겨나 싸라

기를 달다 여기며 먹었다. 밥에는 도토리와 콩을 섞었으며 나물 반찬도 두 가지를 넘지 않았다. 지체 높은 사람이나 출세한 사람이 찾아오더라도 생전 반찬을 달리한 적이 없다. 제자들이, 그런 분들이 먹기 힘든 음식이라 생각하여 대접하기를 꺼릴 때면 이렇게 말했다.

"마음이 있어 여기에 왔을 테니 거친 밥이 무슨 상관이겠느냐?"

그리고는 높은 사람이나 낮은 사람, 늙은 사람이나 어린 사람 대하기를 늘 한결같이 하였다.

—「진감 선사 이야기」 중에

「진감 선사 이야기」는 『사산비명』에 수록된 네 편의 비명 가운데, 가장 이른 시기인 삼십 대 초반 무렵 찬술되었다. 이 글에서 최치원은, 신라의 고승인 진감 선사 혜소(慧昭, 774~850)를 추모하며, 그의 고귀한 삶을 생생한 필치로 진실하게 그려 냈다. 그러면서도 서문을 통해, 궁극의 '도'란 하나이지만 그것을 찾아가는 '길'의 다양성으로 인해 제기되는 문제에 대한 자신의 생각을 드러냈다. 훗날 「진감 선사 이야기」를 읽은 조선 시대의 승려 서산 대사 휴정(休靜, 1520~1604)은 진감 선사와 최치원, 두 사람의 마음을 줄 없는 거문고에 비유하며 "진감 선사를 아는 이로 고운만한 이가 없고, 고운을 아는 이로 진감 선사만한 이가 없다"고 평가하였다. 아마도 휴정은, 추모 대상 인물의 고귀한 삶과 작가 자신의 심원한 사상이 하나의 작품 안에 혼융되어 감동적으로 서술된 것을 두고 이렇게 평가한 듯하다. 이것이야말로 『사산비명』이 최치원 문장의 정수로 꼽히는 이유가 아닌가 한다. 그리하여 『사산비명』은 조선 시대에 특히 승려들로부터 문장과 불교 교리를 공부하는 중요한 텍스트로 간주되어, 여러 고승이 주석을 붙이기도 하였다.

중앙 정계에서 왕의 측근으로 총애를 받던 최치원은, 34세 때부터 차례로 태산군(太山郡: 지금의 전라도 정읍시 태인읍泰仁邑) 태수(太守)와 부성군(富城郡: 지금의 충청도 서산시瑞山市) 태수에 임명되어 외직으로 나아갔다. 이를 두고, 시기와 질투 받는 일을 견디지 못한 최치원이 외직을 자원하였다는 해석이 많지만, 왕권 강화의 일환으로 보는 시각도 있다. 최치원으로 하여금 지방 사회의 실상을 직접 파악케 하여 혼란을 수습하는 방안을 모색하고자 한 왕실의 전략이라는 것이다. 태산군과 부성군이 모두 서해 바다와 인접한 지방으로 당나라로 통하는 해로(海路)의 요충지였다는 점, 그리고 불과 4년 뒤인 893년에 최치원이 다시 중앙 정계로 복귀한다는 점 등을 생각할 때 그렇게 볼 수 있는 여지도 없지 않은 듯하다.

중앙 정계로 돌아온 최치원은, 신라의 최우선 국정 과제 열 가지를 제시한 '시무십여조'(時務十餘條)를 진성 여왕에게 올렸다. 진성 여왕은 기뻐하며 최치원을 아찬(阿湌)으로 삼았으나, 반대파로 인해 시무십여조는 시행되지 못하였다. 이미 골품 제도의 병폐로 혼란해진 정국을 돌이킬 수 없었던 것이다. 얼마 뒤 최치원은 정계에서 물러나 전국을 유람하기 시작하였다. 다음 시들은 이 시기에 창작된 게 아닌가 싶다.

스님은 샘을 찾아 먹을 물 길어 내고
학이 솔가지 뜨매 눈이 훅 날리네.
시와 술 즐기던 도연명의 흥취를 일찍 알았더라면
세상 명리(名利) 하마 잊었을 텐데.

—「겨울날 산사에서 노닐며」 중에

흰 구름 시냇가에 절을 짓고는
서른 해 동안 이 절에서 주지로 살았네.
웃으며 문 앞의 한 줄기 길 가리키는데
산자락 나서자 천 갈래 길이 되누나.

—「천 갈래 길」

고려 시대에 김부식이 저술한 『삼국사기』 「최치원전」(崔致遠傳)에 따르면, 최치원은 경주의 남산, 합천의 청량사(淸涼寺), 지리산의 쌍계사(雙溪寺), 합포현(合浦縣: 지금의 마산) 등에서 노닐었다고 한다.

그러나 최치원의 은거가, 신라 왕실을 부정하기 위한 의도는 아니었다. 정계를 떠난 뒤 44세 무렵에 쓴 「가야산 해인사 선안주원(善安住院)의 벽에 쓴 기」와 같은 글에서, 신라에 대한 최치원의 변함없는 자부가 확인되기 때문이다. 최치원은 자신이 속한 사회의 모순을 직시하고 그것을 개혁하고자 하였으나 실패하였다. 이미 격변기에 접어든 역사의 새로운 흐름을 막기에 그의 힘은 너무나 미약하였던 것이다. 그렇기는 하나, 왕건이나 견훤 등의 세력에 동조할 수 없었던 비판적이고 양심적인 지성 최치원에게 은거란 어쩌면 필연적 선택이었는지 모른다.

은거 이후 최치원의 말년이 어떠하였는가에 대해서는 여러 가지 설이 있다. 그중 가장 유력한 설은, 조선 시대에 서유구(徐有榘, 1764~1845)가 제기한 설이 아닌가 한다. 전라도 관찰사로 부임한 서유구는, 호남 지방에 전해 온 최치원의 사적들을 접하고 감명을 받아 이를 자세히 조사하였는데, 그에 따르면 최치원은 충청도 홍산(鴻山)의 극락사(極樂寺) 뒤편에 묻혔다고 한다. 비록 단언하기는 어렵지만, 서유구가 풍산 홍씨 홍석주(洪奭

周, 1774~1842)의 집안에 소중하게 전해 온 『계원필경집』(桂苑筆耕集)을 빌려 이를 활자본으로 간행함으로써, 최치원의 책을 세상에 선보인 인물이었음을 생각할 때, 현재로서는 이 설이 그래도 가장 믿을 만한 것이 아닌가 한다.

지금까지 최치원의 생애를 중심으로 살핀 작품 외에도, 이 책에는 다른 각도에서 주목할 만한 작품이 여럿 선별되어 있다. 그중 「신라의 윗자리에 있게 해 달라는 발해의 청을 황제께서 허락하지 않으신 데 감사하는 글」, 「태사시중(太師侍中)께 올리는 글」, 「예부상서(禮部尙書)께 드리는 편지」 세 편은, 최근 중국 역사학계 일각에서 고구려사와 발해사를 중국사로 편입시키려는 시도가, 명백한 역사 왜곡임을 밝혀 주는 이른 시기의 중요한 사료이다.

또 '참 이상한 이야기'로 묶은 열 편의 이야기들은, 신라 시대 민간에 전해지던 이야기가 최치원의 붓을 만나 탄생될 수 있었던 소중한 작품들이다. 특히 「호랑이 여인」은 한국 전기 소설사(傳奇小說史)의 첫머리에 놓이는 단편 소설로, 최치원의 소설가적 면모를 보여 주는 작품이다.

이상의 논의를 통해 볼 때, 최치원은 사물과 자신의 심회를 노래하는 서정시, 국가 경영에 소용되는 글들, 고승의 사적과 선종(禪宗)의 교리에 대한 웅편(雄篇), 민간의 이야기를 토대로 자유로운 상상력을 발휘해 쓴 서사(敍事)에 이르기까지 온갖 장르와 양식의 글에 모두 통달했던 대작가임이 확인된다.

4

역자는 이 책에서 최치원의 작품 세계를 되도록 다채롭게 보여 주고자 하였다.
 '새벽에 홀로 깨어'·'비 오는 가을밤'·'은거를 꿈꾸며'에는, 지금 전하는 최치원의 시 가운데 절반 가량을 세 가지 제목 아래 뽑아 보았다. '밭 갈고 김매는 마음으로'에는, 최치원 산문의 요모조모를 맛볼 수 있게 해 주는 열 편을 추려 보았다. 대단히 유명한 글도 있고, 거의 알려지지 않은 글도 있고, 새롭게 주목해야 하는 글도 있다. '신라의 위대한 고승'은 『사산비명』(四山碑銘) 가운데 세 작품을 발췌하여 번역한 것이다. 『사산비명』은 이우성 선생 및 최영성 교수가 공들여 교감하고 번역한 학술적인 저술이 진작에 나와 있고, 역자도 이 책들의 도움을 받았긴 하나, 일반 독자들이 읽기에는 역문(譯文)이 너무 어려운 듯하다. 『사산비명』은 최치원 문장의 정수로 평가되는 작품인 만큼, 역자는 가능한 한 쉬운 말로 번역하고자 최대한 노력했으며, 문맥을 이해하는 데 필요한 주석을 가급적 자세히 달았다. '참 이상한 이야기'에는 최치원이 창작한 『수이전』(殊異傳)의 열 작품을 실었다. 『수이전』에는 본래 훨씬 더 많은 이야기들이 실렸다고 하는데 유감스럽게도 대부분 실전되고 일부 작품만이 현재 확인될 뿐이다. 신라 시대의 상상력을 만나는 건 분명 가슴 설레는 일일 터이다.

사실 최치원의 시와 문(文)은 한문학을 전문적으로 공부하는 사람에게도 어려운 것으로 정평이 나 있다. 특히 문(文)은 그 당시의 문풍(文風)인 4·6 변려문체를 구사하고 있어 고사투성이에다 난해하기 짝이 없다. 그래서 배경 지식이 없으면 이해하기 힘든 내용이 많다. 게다가 심원한 사유를 담고 있음에랴! 이런 이유 때문인지 최치원 문학에 대한 연구가 이미 양적으로나 질적으로 상당한 성과를 쌓아 왔음에도, 그의 시와 문을 골고루 엮어 우리말로 쉽게 풀이한 선집은 여태 나온 바 없다. 최치원이라는 대작가의 작품과 직접 대면하는 과정에서, 역자는 공부의 부족함을 절실히 느끼며 부끄러웠다. 그럼에도 이 책이 최치원의 시와 문을 함께 뽑아 이를 쉬운 우리말로 풀어보고자 한 첫 시도라는 점에서 작은 의의가 있지 않을까 한다.

부디 이 책에 실은 최치원의 작품들이 천 년의 시간을 넘어 오늘의 독자들에게 아름다운 감동과 함께 깊이 생각할 거리를 제공할 수 있기를 기대한다.

최치원 연보

작품 원제

찾아보기

최치원 연보

857년(신라 헌안왕 1 — 왕경(王京: 지금의 경상도 경주慶州) 사량부(沙梁部)에
당 선종 대중大中 11), 1세   서 태어나다.

868년(경문왕 8, — 당나라에 건너가 국자감(國子監)에 입학하다.
의종 함통咸通 9), 12세

874년(경문왕 14, — 빈공과(賓貢科)에 급제하여 진사(進士)가 되다.
희종 건부乾符 1), 18세

876년(헌강왕 2, — 선주(宣州)의 율수현위(溧水縣尉)에 임명되다. 그동안
희종 건부 3), 20세   지은 글을 모아 『중산복궤집』(中山覆簣集) 5권을 엮다.

877년(헌강왕 3, — 율수현위(溧水縣尉)를 사직하고 박학굉사과(博學宏詞
희종 건부 4), 21세   科)에 응시하기 위해 종남산(終南山)에 들어가 공부하다.

878년(헌강왕 4, — 모아 놓은 녹봉과 양식이 다 떨어져 박학굉사과(博學宏
희종 건부 5), 22세   詞科)에 응시하기 위한 공부를 그만두다. 고변(高騈)의
   추천으로 관역순관(館驛巡官)에 임명되다.

879년(헌강왕 5, — 고변(高騈)이 제도행영 병마도통(諸道行營兵馬都統)이
희종 건부 6), 23세   되어 역적 황소(黃巢)의 토벌에 나설 무렵 그의 종사관
   (從事官)으로 임명되다. 이후 고변의 공문서를 대신 짓
   는 일을 도맡다.

880년(헌강왕 6, — 도통순관 승무랑 전중시어사 내봉공(都統巡官承務郞殿
희종 광명廣明 1), 24세   中侍御史內供奉)에 임명되다.

881년(헌강왕 7, — 「역적 황소(黃巢)에게 보낸 격문」을 짓다.
희종 중화中和 1), 25세

884년(헌강왕 10, — 신라로 귀국할 뜻을 밝히자 희종(僖宗)이 조서(詔書)를
희종 중화 4), 28세   내려 허락하고 사신의 임무를 주다. 오만(吳巒), 고운(顧
   雲), 양섬(楊贍) 등 중국인 벗들과 이별하며 시를 주고받
   다. 풍랑이 심하여 귀국길이 몇 달간 지체되다.

885년(헌강왕 11), 29세 — 신라에 도착하다. 시독 겸 한림학사 수병부시랑 지서서
   감(侍讀兼翰林學士守兵部侍郞知瑞書監)에 임명되다.
   지증 대사를 추모하는 탑에 새길 비명(碑銘)을 지으라는
   왕명을 받다.

886년(헌강왕 12), 30세 — 『계원필경집』(桂苑筆耕集), 『중산복궤집』(中山覆簣集)

	및 시, 표, 부 등 총 28권을 헌강왕에게 올리다. 진감 선사를 추모하는 탑에 새길 비명(碑銘)을 지으라는 왕명을 받다.
890년(진성 여왕 4), 34세	─ 태산군(太山郡: 지금의 전라도 정읍시 태인읍泰仁邑) 태수(太守)에 임명되다. 낭혜 화상을 추모하는 탑에 새길 비명(碑銘)을 지으라는 왕명을 받다.
893년(진성 여왕 7), 37세	─ 부성군(富城郡: 지금의 충청도 서산시瑞山市) 태수(太守)에 임명되다. 하정사(賀正使)에 임명되어 입당(入唐)하다.
894년(진성 여왕 8), 38세	─ 시무십여조(時務十餘條)를 올려 공로를 인정받아 아찬(阿湌)에 임명되나, 시무십여조는 시행되지 못하다.
898년(효공왕 2), 42세	─ 세상을 등진 채 전국을 유람하기 시작하다.
900년(효공왕 4), 44세	─ 「해인사 선안주원(善安住院)의 벽에 쓴 기」를 짓다.
1020년(고려 현종 11)	─ 내사령(內史令)에 추증되고 문묘(文廟)에 종사(從祀)되다.
1023년(현종 14)	─ 문창후(文昌侯)로 추봉(追封)되다.
1834년(조선 순조 34)	─ 전라도 관찰사로 있던 서유구(徐有榘, 1764~1845)가 홍석주(洪奭周, 1774~1842)의 집안에 전해 온 『계원필경집』(桂苑筆耕集)을 빌려 1백 부를 간행하다.

작품 원제

새벽에 홀로 깨어

- 새벽 풍경 —— 춘효한망(春曉閒望) 019p
- 봄날, 어느 새벽 —— 춘효우서(春曉偶書) 020p
- 새벽 —— 영효(詠曉) 021p
- 봄바람 —— 동풍(東風) 026p
- 접시꽃 —— 촉규화(蜀葵花) 027p
- 진달래 —— 두견(杜鵑) 028p
- 산꼭대기 우뚝한 바위 —— 산정위석(山頂危石) 029p
- 들불 —— 야소(野燒) 030p
- 석류 —— 석류(石榴) 031p
- 단풍나무 —— 홍엽수(紅葉樹) 032p
- 해문사 버드나무 —— 제해문난야류(題海門蘭若柳) 033p
- 파도 —— 조랑(潮浪) 034p
- 바위 위를 흐르는 샘 —— 석상유천(石上流泉) 035p
- 바위 위 작은 소나무 —— 석상왜송(石上倭松) 036p
- 곧은 길 가려거든 —— 신축년기진사오첨(辛丑年寄進士吳瞻) 037p
- 옛 뜻 —— 고의(古意) 038p
- 윤주 자화사에 오르며 —— 등윤주자화사상방(登潤州慈和寺上房) 039p
- 요주 파양정에서 —— 요주파양정(饒州鄱陽亭) 040p
- 피리 소리를 듣고 —— 여유당성 증선왕악관(旅遊唐城, 贈先王樂官) 041p
- 옛일을 떠올리다 —— 변하회고(汴河懷古) 042p
- 강남의 여인 —— 강남녀(江南女) 043p
- 진주 캐는 사람에게 —— 우흥(寓興) 044p
- 다섯 가지 옛 놀이 —— 향악잡영오수(鄕樂雜詠五首) 045p

비 오는 가을밤

- 비 오는 가을밤 —— 추야우중(秋夜雨中) 051p
- 밤비 내리는 객사에서 —— 우정야우(郵亭夜雨) 052p

- 길 위에서 —— 도중작(途中作) 053p
- 바닷가에서 봄 경치를 바라보며 —— 해변춘망(海邊春望) 054p
- 바닷가 거닐며 —— 해변한보(海邊閒步) 055p
- 모래사장 —— 사정(沙汀) 056p
- 봄 경치를 보고 —— 장귀해동 참산춘망(將歸海東, 巉山春望) 057p
- 낙동강 정자에서 —— 황산강임경대(黃山江臨鏡臺) 058p
- 고마운 친구에게 —— 추일재경우이현 기이장관(秋日再經盱眙縣, 寄李長官) 059p
- 장안의 여관에 머물며 어떤 이웃에게 —— 장안여사 여우신미장관접린(長安旅舍, 與于愼微長官接隣) 060p
- 섣달 그믐밤, 친구에게 —— 화우인제야견기(和友人除夜見寄) 061p
- 봄놀이 약속을 저버린 친구에게 —— 춘일요지우불지(春日邀知友不至) 062p
- 봄날 정자에서 노닐며 —— 화우인춘일유야정(和友人春日遊野亭) 063p
- 늦봄 —— 모춘즉사 화고운우사(暮春卽事, 和顧雲友使) 064p
- 산양에서 고향 친구와 헤어지며 —— 산양여향우화별(山陽與鄕友話別) 065p
- 여도사와 헤어지며 —— 유별여도사(留別女道士) 066p
- 슬퍼도 슬퍼 마오 —— 수진사양섬송별(酬進士楊贍送別) 067p
- 언제 다시 만날는지 —— 유별서경김소윤준(留別西京金少尹峻) 068p
- 헤어지는 오 수재에게 —— 수오만수재석별이절구(酬吳巒秀才惜別二絶句) 069p
- 강남으로 돌아가는 오 진사에게 —— 송오진사만귀강남(送吳進士巒歸江南) 071p
- 우강 역 정자에 적다 —— 제우강역정(題芋江驛亭) 072p

은거를 꿈꾸며

- 운봉사에 올라 —— 제운봉사(題雲峰寺) 075p
- 갈매기 —— 해구(海鷗) 076p
- 겨울날 산사에서 노닐며 —— 화이전장관동일유산사(和李展長官冬日遊山寺) 077p
- 바위 봉우리 —— 석봉(石峯) 078p
- 바다에 배 띄우니 —— 범해(泛海) 079p
- 천 갈래 길 —— 증금천사주(贈金川寺主) 080p
- 노승 —— 증운문난야지광상인(贈雲門蘭若智光上人) 081p

- 혼자 사는 중에게 —— 증재곡난야독거승(贈梓谷蘭若獨居僧) 082p
- 청 상인에게 —— 화김원외 증참산청상인(和金員外贈驂山淸上人) 083p
- 산에 사는 중에게 —— 증산승(贈山僧) 084p
- 가야산 독서당에 적다 —— 제가야산독서당(題伽倻山讀書堂) 085p
- 가슴속 생각을 적다 —— 서회(書懷) 086p

밭 갈고 김매는 마음으로

- 『계원필경집』 서문 —— 계원필경서(桂苑筆耕序) 091p
- 역적 황소(黃巢)에게 보낸 격문 —— 격황소서(檄黃巢書) 094p
- 허경에게 보낸 편지 —— 제주허경(滁州許勍) 100p
- 보내 주신 새 차에 감사드리는 글 —— 사신다장(謝新茶狀) 102p
- 한식날 전사한 장병을 애도하며 —— 한식제진망장사문(寒食祭陣亡將士文) 104p
- 난랑비(鸞郎碑) 서문 —— 난랑비서(鸞郎碑序) 105p
- 가야산 해인사 선안주원(善安住院)의 벽에 쓴 기 —— 선안주원벽기(善安住院壁記) 106p
- 신라의 윗자리에 있게 해 달라는 발해의 청을 황제께서 허락하지 않으신 데 감사하는 글 —— 사불허북국거상표(謝不許北國居上表) 108p
- 예부상서(禮部尙書)께 드리는 편지 —— 여예부배상서찬장(與禮部裵尙書瓚狀) 112p
- 태사시중(太師侍中)께 올리는 글 —— 상태사시중장(上太師侍中狀) 114p

신라의 위대한 고승

- 진감 선사 이야기 —— 유당신라국 고지리산쌍계사 교시진감선사비명 병서(有唐新羅國故智異山雙谿寺教諡眞鑑禪師碑銘幷序), 일명 지리산 쌍계사 진감 선사 대공탑비명(智異山雙谿寺眞鑑禪師大空塔碑銘) 119p
- 낭혜 화상 이야기 —— 유당신라국 고양조국사 교시대낭혜화상 백월보광지탑비명 병서(有唐新羅國故兩朝國師教諡大朗慧和尙白月葆光之塔碑銘幷序), 일명 만수산 성주사 낭혜 화상 백월보광탑비명(萬壽山聖住寺朗慧和尙白月葆光塔碑銘) 135p
- 지증 대사 이야기 —— 대당신라국 고봉암산사 교시지증대사 적조지탑비명 병서(大唐

新羅國故鳳巖山寺教諡智證大師寂照之塔碑銘幷序), 일명 희양산 봉암사 지증 대사 적조탑비명(曦陽山鳳巖寺智證大師寂照塔碑銘) 154p

참 이상한 이야기

· 신기한 석남 가지 ── 수삽석남(首揷石枏) 173p
· 알에서 나온 아이 ── 탈해(脫解) 175p
· 영오와 세오 ── 영오세오(迎烏細烏) 177p
· 변신하는 노인 ── 노옹화구(老翁花狗) 178p
· 대나무 통에 사는 두 미녀 ── 죽통미녀(竹筒美女) 179p
· 지혜로운 선덕 여왕 ── 선덕왕(善德王) 180p
· 사랑 때문에 타 버린 남자 ── 심화요탑(心火繞塔) 181p
· 호랑이 여인 ── 호원(虎願) 182p
· 원광 법사 ── 원광법사전(圓光法師傳) 187p
· 살아 돌아온 보개의 아들 ── 보개(寶開) 192p

찾아보기

ㄱ

가섭(迦葉) 121, 163
가야산 85, 106
감식(鑑識) 161
강남 43, 71
강서(江西) → 마조 도일(馬祖道一)
거란 109
건혜(乾慧) 161
걸사우(乞四羽) 109
검산도(劍山島) 138
견훤 84
계람산(鷄藍山) 158, 159
계림(鷄林) 126, 153, 167
계빈국(罽賓國) 124
『계원필경집』(桂苑筆耕集) 91, 93
계족산(雞足山) 153
계주(戒珠) 156, 157
계행(戒行) 158
고 시중(高侍中) → 고변(高騈)
고구려 109, 111~116, 122, 191
고변(高騈) 37, 92~94, 101
『고승전』(高僧傳) 155
고운(顧雲) 64
고품(高品) 115
곡수(鵠樹) 165
공(空) 83, 126, 130, 165, 167
공자 36, 60, 105, 120, 121, 167
곽산(崞山) 141

관불회(灌佛會) 155
관영(灌嬰) 110
구족계(具足戒) 156, 157, 190
국사(國師) 145
근화향(槿花鄕) 110, 111
금릉(金陵) 39
금마문(金馬門) 112
금마인(金馬人) 122
금방울놀이 45, 47
금오산(金鰲山) 167
금천사(金川寺) 80
기수(沂水) 64
김룡사(金龍寺) 75
김부식 105
김사란(金思蘭) 115
김억훈(金嶷勳) 160
김유신(金庾信) 178, 179
김준(金峻) 68
꼭두각시놀이 46, 47

ㄴ

낙동강 58
낙토(樂土) 116
난새춤 46
남령(南嶺) 127
남방위(藍芳威) 87
남종(南宗) 146
노공(魯公) 144

노수(澇水) 23, 34
노악산(露岳山) 126
노자 105, 167
녹산(祿山) 95
『논어』 64, 92
논호림(論虎林) 186
농우(隴右) 115
능가선(楞伽禪) 137
능관인(能官人) 148

| ㄷ |

다리꼭지놀이 45, 47
달마(達磨) 107, 124, 125, 128, 146
담란 대사(曇蘭大師) 162
당나라 태종(太宗) 112, 114, 180
당래불(當來佛) 160
당성(唐城) 41
당우(唐虞) 94, 95
당은포(唐恩浦) 138
대봉예(大封裔) 108
대붕(大鵬) 168, 169
대아찬(大阿飡) 109
대조영(大祚榮) 109
대주산(大珠山) 78
『도덕경』(道德經) 96, 149
도량(道亮) 138, 168
도연명(陶淵明) 77, 87
도의(道義) 126, 168, 169

도의 선사(道義禪師) → 도의(道義)
도 태위(陶太尉) 97
도통순관 승무랑 시어사 내공봉(都統巡
　　官承務郎侍御史內供奉) 91, 93
돌궐 109
동림사(東林寺) 128, 165
동이(東夷) 107, 140
동탁(董卓) 98
두예(杜預) 97, 98
두회(杜回) 104
득난(得難) 135
등대덕(燈大德) 137

| ㅁ |

마 화상(馬和尙) → 마조 도일(馬祖道一)
마고(麻姑) 66
마곡(麻谷) 150
마곡사(麻谷寺) 140
마야 부인(摩耶夫人) 155
마조 도일(馬祖道一) 140, 141, 168
마한(馬韓) 114
「만수산 성주사 낭혜 화상 백월보광탑비
　　명」(萬壽山 聖住寺 朗慧和尙 白月葆
　　光塔碑銘) 139
망언사(忘言師) 164
매림(梅林) 102
맹자 60
명리인(名利人) 62

명홍(冥鴻) 151
명활성(明活城) 191
묘(苗) 94, 95
무상(無常) 39, 41, 190
무심(無心) 77, 157, 167
무열대왕(武烈大王) 114, 115, 135
무염(無染) 135, 139, 147
문수보살 121
『문심조룡』(文心雕龍) 145
물길(勿吉) 109
물아일체(物我一體) 76
민애대왕(愍哀大王) 127
민장사(敏藏寺) 192, 193

| ㅂ |

박학굉사과(博學宏詞科) 53
반 장군 100
반야(般若) 145
발해(渤海) 108~113, 115, 116
발해군왕(渤海郡王) 109
백거이(白居易) 140
백산(白山) 109
백제 114~116, 191
백종(伯宗) 144
『범망경』(梵網經) 185
범패 132
법랑(法諒) 131
법성 선사(法性禪師) 136

법헌(法獻) 126
『법화경』(法華經) 128
변한(卞韓) 114
변화(卞和) 29
보철 화상(寶徹和尙) 140, 141
보현보살(普賢菩薩) 157
봉래산 78, 79
봉암사(鳳巖寺) 162, 166
부석산(浮石山) 137, 156
부여도독부(扶餘都督府) 115
분수(汾水) 141
불타야사(佛陀耶舍) 124
비장산(臂長山) 190
비파시불(毘婆尸佛) 154, 155
빈공과(賓貢科) 53, 108, 112, 113

| ㅅ |

사령운(謝靈運) 39
『사산비명』(四山碑銘) 121
사자춤 47
사혜련(謝惠連) 39
산거원(山巨源) 71
산양(山陽) 65
『삼국사기』 47, 68, 105
삼기산(三岐山) 187, 189, 190
삼법 화상(三法和尙) 127
삼장(三藏) 127, 189
상도(常道) 149

상전벽해(桑田碧海) 66
『서경』(書經) 106~108, 119, 148
석가 105, 119~121, 127, 132, 145, 150, 154, 155, 157, 160, 165, 167
선(禪) 140, 153, 168, 169, 121, 137, 146, 163, 169
선남자(善男子) 141
선덕 여왕(善德女王) 180, 181
『선사』(仙史) 105
선아외(善牙畏) 127
선열(禪悅) 161, 169
선옹(仙翁) 79
선원사(禪院寺) 163
선정(善政) 127
선정(禪定) 81, 161
선주(宣州) 92
선향(仙鄕) 64
설악산 168
성덕왕(聖德王) 115
성주사지(聖住寺址) 148
세공사(歲貢使) 123
소무(蘇武) 64
소부(巢父) 151
소정방(蘇定方) 114
소진(蘇秦) 92
손경(孫敬) 92
손권(孫權) 97
손무(孫武) 100

손초(孫楚) 35
수계(受戒) 157, 190
수비천(脩臂天) 135
수석사(水石寺) 158, 159
수양제(隋煬帝) 42, 102, 114
수원(隋苑) 102
수주대토(守株待兎) 164
숙위원(宿衛院) 108
순(舜)임금 95, 110, 146
승랑(僧朗) 151
『시경』(詩經) 106, 119, 148
신감 대사(神鑑大師) 124
신월성(新月城) 175
심묘사(深妙寺) 146
심법(心法) 120
심약(沈約) 120
심인(心印) 141
심충(心忠) 161
쌍계사 121, 128, 131

| ㅇ |

아달왕(阿達王) 177
아진포(阿珍浦) 175
악관(樂官) 41
안동도독부(安東都督府) 115
안락사(安樂寺) 160, 165
안름 대사(安廩大師) 162
안영(晏嬰) 36

안회(顔回) 60
양대안(楊大眼) 100
양류관음(楊柳觀音) 33
『양사』(梁史) 130
양 사공(楊司空) 97
양제성(煬帝城) 63
언외지언(言外之言) 80
여도사 66
여만(如滿) 140
연화세계(蓮花世界) 128
염파(廉頗) 110
영공(英公) 115
영산(靈山) 127
『예경』(禮經) → 『예기』(禮記)
『예기』(禮記) 106~108, 119, 120, 144, 148
오 수재 69, 71
오 진사 71
오색석사(五色石寺) 136, 137
오소도(烏昭度) 113
오승(五乘) 119
오첨(吳瞻) 37
오체투지(五體投地) 124
옥천(玉泉) 128
온서(溫序) 104
와룡(臥龍) 34
완효서(阮孝緖) 156
왕건(王建) 84

왕도(王都) 154
왕돈(王敦) 95
왕성(王城) 142
왕소(王韶) 93
요(堯)임금 106, 110, 151
요수(潦水) 23
요수(遼水) 109
요주(饒州) 40
용성국(龍城國) 175, 176
우객(羽客) 102
우금방(隅金坊) 192
우담바라 142
운문난야(雲門蘭若) 81
운봉사(雲峰寺) 75
원각 조사(圓覺祖師) 135
원공(遠公) 144, 145
원광 법사(圓光法師) 187
원성왕(元聖王) 182, 184
원추리 102, 103
월지궁(月池宮) 163
위곡(委曲) 101
위준(韋俊) 115
유 장군(劉將軍) 100
유(有) 145
유검루(庾黔婁) 140
유공초(兪公楚) 102
유령(劉伶) 20
유리세계(琉璃世界) 152

230

유마 거사(維摩居士) 121

『유마경』 121

유요(劉曜) 95

유협(劉勰) 145

육경(六經) 119, 148

『육도경』(六度經) 157

윤주(潤州) 39

율수현위(溧水縣尉) 53, 92

음공(陰功) 104

의료(宜僚) 45

이무기 155

이심전심(以心傳心) 121, 141, 163

『이아』(爾雅) 107, 186

이적(李勣) 115

인가(印可) 124, 141

인계(印契) 124

인상여(藺相如) 110

일심(一心) 130, 137, 142, 169

| ㅈ |

자금성(紫禁城) 23

자금어대(紫金魚袋) 91, 93

자유자재(自由自在) 150, 165, 169

자한(子罕) 124

자화사(慈和寺) 39

장건(張騫) 79

장량(張良) 35

장백사(長栢寺) 126

장안(長安) 53, 60, 62, 64, 92, 94, 139

장자(莊子) 36, 76

『장자』(莊子) 36, 137, 164

장주(莊周) 64

재곡난야(梓谷蘭若) 82

저상(褚翔) 130

정대춘(井大春) 165

정태위 지절충녕해군사 계림주대도독(正太尉持節充寧海軍事鷄林州大都督) 115

정혜(定慧) 161

제도도통 검교태위(諸道都統檢校太尉) 94

조빙사(朝聘使) 189

『조선시선』(朝鮮詩選) 87

조정사(朝正使) 138

조조(曹操) 102

종각(宗慤) 34

종사관 92

주발(周勃) 110

주자(朱泚) 95

주풍(周豊) 144

『중산복궤집』(中山覆簣集) 91, 92

지귀(志鬼) 181

「지리산 쌍계사 진감 선사 대공탑비명」(智異山 雙谿寺 眞鑑禪師 大空塔碑銘) 121

지부산(之罘山) 138

지상사(至相寺) 139
지장 선사(智藏禪師) 168
진시황(秦始皇) 35, 79
진여(眞如) 81, 121, 142, 157, 167, 169
진평(陳平) 100
진평왕(眞平王) 75, 189
진한(辰韓) 114

| ㅊ |

채경(蔡經) 66
천인사(天人師) 152
청 상인(上人) 83
청출어람(靑出於藍) 137
초산(楚山) 65
축담유(竺曇猷) 127
춘관(春官) 112
『춘추전』(春秋傳) 96
측천무후(則天武后) 109
치의(鴟義) 109
칠도인(漆道人) 124

| ㅌ |

탈춤 46, 47
탑돌이 182
태백산(太白山) 115
태복경(太僕卿) 115
토함산(吐含山) 175

| ㅍ |

파양정(鄱陽亭) 40
파협(巴峽) 21
팽성군군(彭城郡君) 101

| ㅎ |

하남(河南) 115
하안거(夏安居) 127, 157
하정사(賀正使) 108
하행성(何行成) 115
항아리 속 별천지 128
해동(海東) 112, 136, 141
해문사(海門寺) 33
해인사(海印寺) 85, 106
허경(許勍) 100, 101
헌강왕(憲康王) 93, 147, 148, 163
헌안왕(憲安王) 144, 148
현계산(賢溪山) 160, 165, 168
현창(玄暢) 126
혜강(嵇康) 71
혜능(慧能) 128, 146
혜원(慧遠) 120, 128, 165
호(扈) 94, 95
호계(虎溪) 165
호시국(楛矢國) 110, 111
호원사(虎願寺) 185
홍곡(鴻鵠) 168, 169
홍류동(紅流洞) 85

홍척(洪陟) 168, 169

화개곡(花開谷) 127

화랑 사상 105

화엄(華嚴) 139, 149

『화엄경』(華嚴經) 137

화정(華亭) 21

환영(桓榮) 63

활리역(活里驛) 181

황산강(黃山江) 58

황소(黃巢) 94, 99

황소의 난 37, 94

회남(淮南) 91, 92

효공왕(孝恭王) 111

효음(梟音) 109

후위(後魏) 100

흑수(黑水) 109

흥덕대왕(興德大王) 126

흥륜사(興輪寺) 182, 185

희양산(曦陽山) 162, 165, 166

「희양산 봉암사 지증 대사 적조탑비명」
 (曦陽山 鳳巖寺 智證大師 寂照塔碑
 銘) 159

희중(羲仲) 106